D1620098

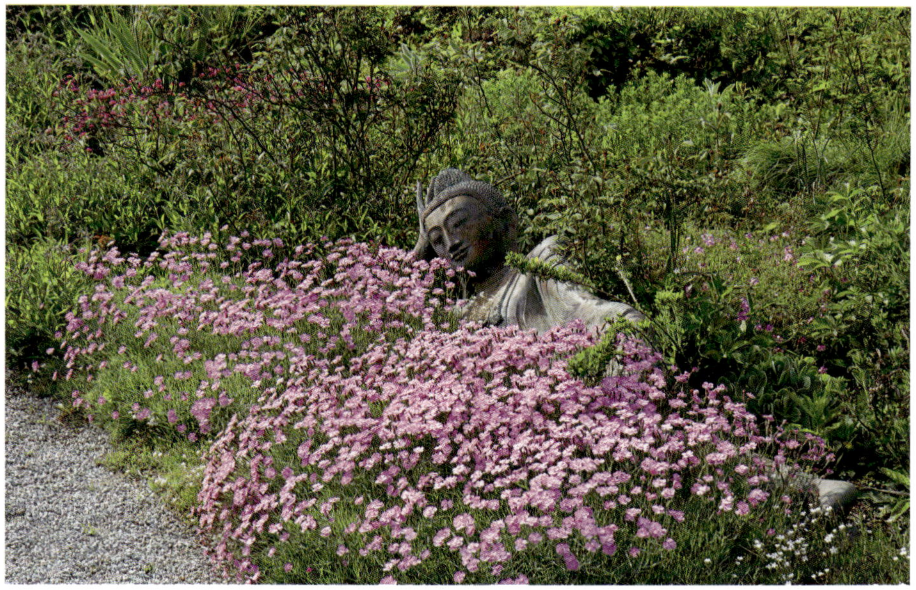

Zen-Gärten

Philosophie | Inspiration | Meditation

SUSANNE WANNAGS (TEXT)
EVI PELZER (FOTOS)

blv

Vorwort	6
Plätze, um Kraft zu tanken	**9**
Unerwartete Blickwinkel und überraschende Ansichten	10
Tee- und Zen-Gärten – typisch japanisch	12
Heilige Garten-Grenzen	14
Garten und Gebäude im Einklang	15
Das innere Gleichgewicht finden	16
Ein neues Heim für die Kois	20
Harmonischer Gesamteindruck	24
Vollkommene Harmonie spüren	**27**
Gekonntes Spiel mit Formen, Farben und Proportionen	28
Geschwungene Linien wie in der Natur	31
Die Kunst der Reduktion	31
Die Harmonie im Feng-Shui	33
Positive Energie schaffen	34

West-östliche Spiritualität	38
Energetische Orte	42
Stein und Fels – das Fundament	**45**
Die Geheimnisse des ewigen Lebens ergründen	46
Steine als lebendige Wesen	47
Verschiedene Gesteine je nach Verwendungszweck	48
Steine und Steingruppen gekonnt platzieren	51
Steine als Wegbelag	54
Mit kompetenter Beratung zum Gartentraum	58
Der Plan als Basis	62
Leben mit und am Wasser	**65**
Wasser – ein faszinierendes und beruhigendes Element	66
Die Faszination der Wasserfälle	67
Die Natur verehren	69

Teichgestaltung im Japangarten	70
Für Liebhaber: Koi-Teiche	72

Garten der Glückseligkeit 76

Pflanzen – geformte Vielfalt 83

Japanische Gärten – ein Symbol für das menschliche Leben 84

Magnolien, Azaleen & Co.	85
Blütenpracht – eher dosiert	86
Leuchtende Farbenpracht im Herbst	89
Nadelgehölze und Gartenbonsai	89
Asia-Flair durch Bambus	92

Nepal in Bayern 96
Neue Attraktion 101

Der Weg zur Vollendung 103

Liebevoll ausgesuchte Accessoires verleihen dem Garten Charme 104
Wasserbecken in verschiedenen Formen 105

Schmuckelement Bambuszaun	106
Laternen und Statuen als letzter Schliff	108
Sanftes Leuchten	111

Der anmutige Charme Asiens 114

Zu sich finden 121

Das Glück zeigt sich oft in den einfachen Dingen 122

Zen bei der Gartenarbeit	124
Perfekt von Anfang an	126
Anspruchsvolle Pflanzenwelt	128

Durchatmen im Zen-Kloster 132

Beruf als Berufung	136
Der Geist findet Ruhe	137

Anhang

Adressen, die Ihnen weiterhelfen	140
Literatur zum Weiterlesen	142
Über Autorin und Fotografin	143

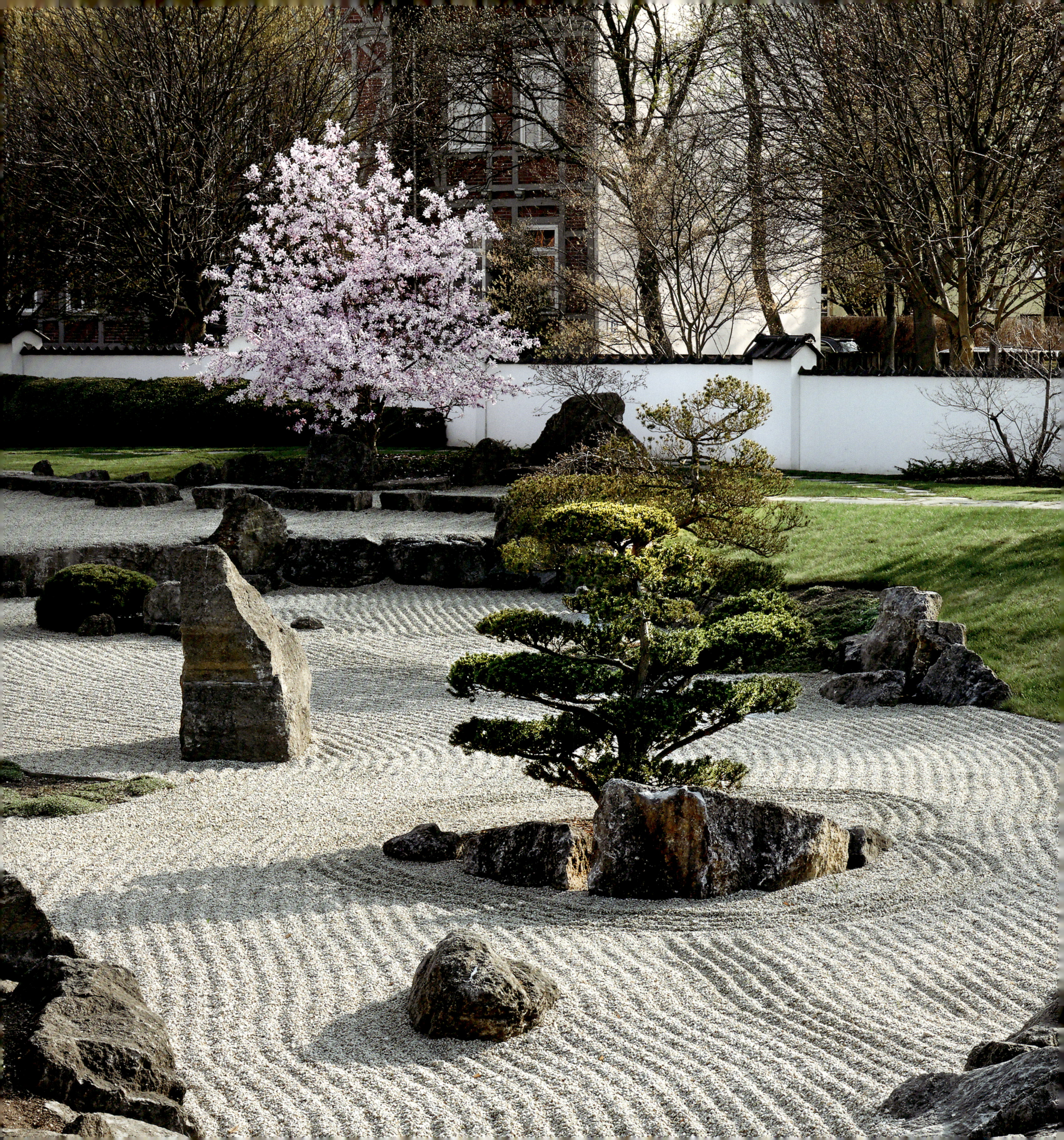

Japanische Gärten – Mensch und Natur im Einklang

Unsere moderne Welt dreht sich scheinbar immer schneller, die Forderung nach ständiger Verfügbarkeit rund um die Uhr und der Druck nach »immer mehr« hat für uns arbeitende Menschen zur Folge, dass moderne Zivilisationskrankheiten wie Burn-Out und Depression stark zunehmen. Der Einzelne fühlt sich dadurch austauschbar und hat ein Gefühl großer innerer Leere.

Das Gegenmittel heißt: Zurück zur Natur, hinaus in die Natur, leben mit der Natur. Was gibt es Schöneres als etwa an einer geheimen Quelle, in einer verborgenen Schlucht, in einer wettergeschützten, trockenen Grotte für einige Stunden dem plätschernden Wasser zu lauschen, zur Ruhe zu kommen und zu sich selbst zu finden? Während Wasser über einen kleinen Wasserfall in einen von feuchtem Moos umgebenen Teich fließt, liegen Sie im lichten Schatten uralter Ahornbäume und Kiefern, streicheln das weiche, in der Sonne glitzernde Moos und haben den Alltag schon Lichtjahre hinter sich gelassen.

Hier werden jene Glücksgefühle geboren, die unsere Sehnsucht nach Ruhe, Erholung und innerem Frieden nachhaltig befriedigen. Das ist es, was der Mensch täglich braucht, um das große Spiel der Globalisierung ertragen und meistern zu können. Und das ist es auch, was die japanische Gartenphilosophie zum Ziel hat.

Die Kunst der japanischen Gartengestaltung, ob beim Zen-, Tee- oder Teichgarten, hat stets die zeitlose Harmonie und das Ideal vollkommener Natur im Blick. Da sich japanische Gärten auf das Wesentliche beschränken und sowohl die Gestaltung als auch die Bepflanzung in der Regel minimalistisch gehalten ist, können hier Geist und Seele zur Ruhe kommen. Nicht umsonst liegen daher Gärten im japanischen Stil sowie Zen-Gärten seit vielen Jahren nicht nur in Deutschland im Trend. Die Anlehnung dieser Gärten an die Natur und ihre Harmonie in den Proportionen nenne ich »die Harmonie der Elemente«.

In Japan beschäftigt man sich schon seit über 1200 Jahren damit, diese Kultur auf die Spitze zu treiben und zu perfektionieren. Dabei sind unglaublich schöne Gärten entstanden, die trotz täglich Tausender Besucher eine Faszination sondergleichen ausüben. Bei meinen Aufenthalten in Japan war die friedvolle Stille in jenen Gärten zum Greifen nah. Nachbarhäuser werden dort geschickt mit Pflanzen verdeckt, großformatige Steine geben Sicherheit und Halt. Wasser in naturnaher Form oder symbolisch als Kies macht das Bild lebendig oder ruhig. Große Moos- oder Kiesflächen lassen Puls- und Herzschlag sinken.

Viele bunte Blüten sucht man im Japangarten vergebens. Nur in bestimmten Zeiten, wie zur Kirschblüte oder im Herbst, wenn die Ahornbäume mit leuchtenden Tönen die kalte Jahreszeit ankündigen, kommt Farbe ins Gartenleben, dann aber kraftvoll und mit großer Intensität. Japangärten sind auch im Winter faszinierend, da sie von immergrünen Pflanzen getragen werden und Schnee den großen Findlingen eine fein gewebte Mütze aus Eiskristallen aufsetzt.

Ein Japangarten muss nicht zwingend Formschnittgehölze, Steinlaternen, Teehäuser, Buddha-Statuen oder Kois enthalten. Entscheidend ist, dass sich hier der Mensch als das erkennt was er ist, nämlich als ein winzig kleiner Bestandteil der Natur in einem unendlich großen Universum. Ein solcher Garten, ob er nun japanischer Garten, Zen-Garten oder natürlich gestalteter Garten genannt wird, verschafft uns neue Lebensenergie und Kraft für unseren Alltag.

Jethro Machacek
(Naturform Japangarten und Koiteichbau)

LINKS
Die schlichte Gestaltung der Trockenlandschaftsgärten überdauert Jahrzehnte, ja sogar Jahrhunderte.

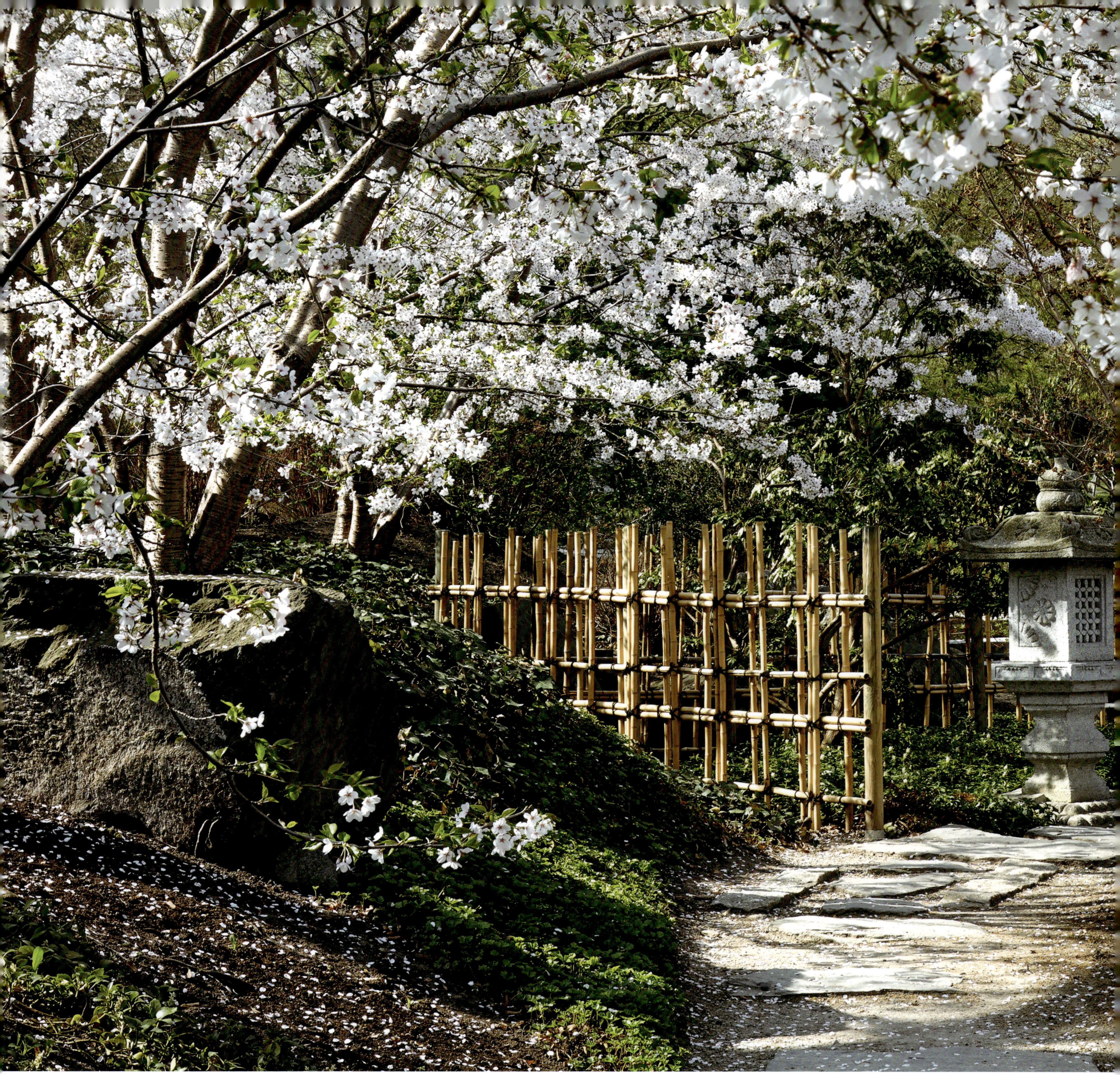

Plätze, um Kraft zu tanken

GÄRTEN – DAS SIND ORTE, AN DENEN
SICH KÖRPER UND GEIST
ENTSPANNEN UND ZUR RUHE KOMMEN

Unerwartete Blickwinkel und überraschende Ansichten

Unterschiedlichste Entwicklungen und Einflüsse prägten die japanische Gartenkultur. Im 5. und 6. Jahrhundert gelangte der Buddhismus von Korea und China nach Japan – und mit ihm eine besondere Art, Gärten zu gestalten. In China waren Gärten ideale Universen – geschaffen, um Menschen und Götter zu beeindrucken. Die Japaner glaubten an verschiedenste Gottheiten *(Kami)*, die sich in Tieren, Menschen, Pflanzen, aber auch Gegenständen manifestieren konnten.

Gärten – das waren in Japan ursprünglich Landschaften, die man vom Wasser aus betrachten konnte. Diese **Wassergärten** waren im 5. und 6. Jahrhundert in China in den wohlhabenden Bevölkerungsschichten sehr populär und verbreiteten sich von dort aus nach Japan. An den Ufern der Seen entstanden Gärten, die vor allem aus der sitzenden Perspektive vom Boot aus gut wirkten. Landschaften aus alten chinesischen Mythen hatten ebenfalls Einfluss auf deren Gestaltung. So ha-

LINKS

Blühende japanische Azaleen dominieren im Juni das farbenprächtige Bild des japanischen Gartens. Die Äste des rotlaubigen Ahorns links wirken wie ein Vorhang und geben den Blick auf den Garten noch nicht ganz frei.

ben beispielsweise künstliche Inseln einen Bezug zum Mythos der »Inseln des ewigen Lebens«.

Die riesigen Wassergärten wurden nach und nach von **Wandelgärten** abgelöst. Dort gab es Teiche unterschiedlichster Größe mit Wegen, die an Ufern entlang und in andere Gartenteile führten. Immer wieder eröffneten sich den Besuchern unerwartete Blickwinkel. Hinter jeder Biegung konnte sich ein atemberaubender Anblick verbergen, beispielsweise ein beeindruckender Wasserfall oder eine Steinformation. Mal musste man auf den Weg achten, dann wieder konnte man auf einem Trittstein oder einer Bank verweilen und das Neue entdecken, das der Gärtner gestaltet hatte. Erste Wandelgärten sind aus dem 11. Jahrhundert bekannt.

Aus diesen beiden Gartenformen entwickelten sich weitere Gartenstile, die alle ihre Besonderheiten haben. Einer davon ist der Teegarten. In den Teehäusern, die fester Bestandteil dieser Gärten sind, findet die Teezeremonie statt, die in Japan als »Teeweg« bezeichnet wird. Gäste betreten den Teegarten durch ein Tor, an dem sie symbolisch alles Weltliche hinter sich lassen. Der Eingang in den Teegarten markiert den Übergang in eine stille, von der Hektik des Alltags abgeschlossene Welt. Auf dem Weg vom Gartentor bis zum Teehaus soll der Besucher ruhiger werden, seine Schritte verlangsamen, sich reinigen – innerlich wie äußerlich. Der Reinigung dienen die Wasserbecken im Garten, an denen man die Hände wäscht und den Mund ausspült. Gäste und Gastgeber sind während der Zeremonie konzentriert und achtsam.

Tee- und Zen-Gärten – typisch japanisch

OBEN UND RECHTS

Harmonisch verläuft der Übergang vom Zen-Garten in den angrenzenden Teegarten (oben). So lassen sich auch in kleinen Gärten mehrere Gartenstile verwirklichen. Ganz typisch für die japanischen Zen-Gärten sind die geharkten Kiesflächen.

Eine weitere, sehr bekannte Form der japanischen Gärten sind die **Zen-Gärten**. Sie werden auch als trockene Landschaft, als *kare-san-sui* bezeichnet (trocken-Berg-Wasser). Steine spielen in diesen Gärten eine große Rolle. Wasser wird durch Kies symbolisiert, Wasserfälle werden mit Felsen gestaltet, Steine in den Kiesflächen sind kleine Inseln im Meer. Die Aufmerksamkeit liegt dabei nicht nur auf der Steinsetzung, sondern auch auf der Gestaltung des Raumes zwischen den Felsen – so wie in einer Zeichnung der weiße Raum zwischen den Strichen ebenso wichtig und kraftvoll ist wie die Striche selbst. Fälschlicherweise wird übrigens immer wieder gesagt, dass in den Zen-Gärten meditiert wird. Die Meditationen, die hohe Anforderungen an die Meditierenden stellen, finden jedoch in eigens dafür vorgesehenen Gebäuden und Räumen statt. Die Gärten selbst werden von einer erhöhten Plattform aus betrachtet, aber nicht betreten.

Vor allem die Zen-Gärten sind es, die viele Menschen mit dem klassischen japanischen Garten assoziieren. Und auch wenn sie nur einen bestimmten Gartentyp repräsentieren, sind sie vielleicht diejenigen Gärten, die sich am erfolgreichsten einer allgemeinen Interpretation entziehen. Ein Zen-Garten wird von zwei Menschen niemals gleich empfunden. Jeder »vervollständigt« die Landschaft auf eine andere Weise. Während der eine die Kiesfläche beispielsweise mit einem ausgetrockneten Flussbett in Verbindung bringt, sieht der andere einen Fluss darin fließen und eine Quelle sprudeln.

Ebenfalls aus Japan bekannt sind die sogenannten **Hofgärten**. Das sind Gärten auf kleinstem Raum, in schattigen Hinterhöfen oder Atrien. Obwohl der Platz begrenzt ist, wird hier konsequent auf Verkleinerung verzichtet – ein Prinzip, das sich sonst in vielen japanischen Gartentypen wiederfindet. Miniaturpflanzen und Steine würden die Gärten noch kleiner erscheinen lassen, als sie sind.

Die japanische Gartengestaltung wurde beeinflusst von Kunst und Religion. So dienten beispielsweise chinesische Tuschezeichnungen als Vorbilder für ideale Landschaften, in denen alles seinen perfekten Platz hat und nichts überflüssig ist. Neben dem Buddhismus ist der Shintoismus im Inselstaat die Glaubensrichtung mit den meisten Anhängern. Im Shintoismus werden verschiedenste Gottheiten verehrt. Sie werden als *Kami* bezeichnet. Gottheiten können mythologische Figuren,

Ahnen, aber auch Naturerscheinungen oder sogar Gegenstände sein. Es wird vermutet, dass ursprünglich vor allem Flüsse, Berge, Pflanzen oder Tiere, aber auch Naturerscheinungen wie die Pflanzenblüte, Donner, Blitz oder Wind als göttlich angesehen wurden. *Kami* können Wesen sein, aber auch deren Seelen. So kann *Kami* beispielsweise einen Wasserfall bezeichnen, aber auch den Geist dieses Wasserfalls meinen.

Heilige Garten-Grenzen

Die Götter und/oder deren Seelen werden an rituellen Orten, den Shinto-Schreinen, verehrt. Früheste Schreine waren wahrscheinlich Bäume oder Felsen, die als heilige Stätten markiert wurden, indem man entweder ein Seil an ihnen befestigte oder den Ort mit Steinen eingrenzte. Bis heute ist die Grenze, die Umzäunung, ein wichtiger Bestandteil japanischer Gartengestaltung. Während man sich in deutschen Gärten mit Hecken und Zäunen vor allem vor den Blicken neugieriger Nachbarn schützen möchte, hat die Umgrenzung von Gartenräumen in Japan das Ziel, einen von der Alltagswelt abgeschlossenen Raum zu schaffen. Dieser Übergang von der äußeren in die innere Welt soll jedoch nicht abrupt, sondern harmonisch sein. Mauern dürfen niedrig sein, Zäune und Hecken dürfen Lücken haben, Bäume ihre Äste über Zäune hinweg strecken und so Verbindungen schaffen.

Diese Verbindung zur Außenwelt ist ein wichtiges Gestaltungsprinzip, das »**geborgte Landschaft**« *(Shakkei)* genannt wird. In den so gebauten Gärten wird die umgebende Landschaft in Miniaturform abgebildet. Auf deutsche Regionen übertragen, bedeutet das beispielsweise, dass Felsen im Süden Deutschlands schroff und spitz wie das umgebende Bergland sein dürfen. Je weiter man nach Norden kommt, desto abgeflachter werden die im Garten verwendeten Steine – bis hin zu abgerundeten Findlingen, wie man sie an der Nordseeküste findet. All das, was typisch für einen Landstrich ist, beispielsweise Berge, Hügel, Moore, Flüsse oder Seen, wird beim *Shakkei* in den Garten übertragen. Das heißt also, dass sich Liebhaber japanischer Gärten nicht auf die Suche nach exotischen Materialien machen müssen. Alles, was sie für die Gestaltung benötigen, finden sie in der Region – in heimischen Steinbrüchen und in der nächstgelegenen Baumschule.

OBEN
Vorhandener Baumbestand kann in die Gartengestaltung mit einbezogen werden, denn er bietet reizvolle Blickpunkte. Je älter und größer die Bäume, desto mächtiger dürfen auch die Felsen sein, die dem Garten Charakter verleihen.

Garten und Gebäude im Einklang

Wie die umgebende Landschaft sollen auch die Gebäude mit dem Garten harmonieren. Das Wohnhaus ist Schutzraum und Aussichtspunkt gleichermaßen. Nicht selten bildet der Rahmen einer geöffneten Terrassentür gleichzeitig den »Bilderrahmen« für einen spektakulären Ausschnitt des Gartens. Eine besondere Rolle kommt den Gebäuden in den Teegärten zu. Vor Beginn der Teezeremonie warten die Gäste auf einer Wartebank oder in einem Wartehäuschen, bis ihr Gastgeber sie ins Teehaus ruft. Der Eingang zu den Teehäusern ist normalerweise niedrig und kann nur gebückt, manchmal sogar fast kriechend durchschritten werden. Das zwingt die Gäste zu einer demütigen, respektvollen Haltung. Teehäuser sind Orte des Friedens, der Stille und der Reinheit. Im Inneren der Räume soll es möglichst wenig geben, was vom Teeweg ablenkt.

Die asiatische Gartengestaltung unterscheidet sich grundlegend von der Vorgehensweise in westlichen Gärten. So käme ein japanischer Gartenmeister nicht auf die Idee, sich selbst zu verwirklichen. Vielmehr findet er geduldig und aufmerksam heraus, welcher Garten sich auf einem Grundstück manifestieren möchte. Der Garten ist bereits da – er möchte nur realisiert werden. Vergleichbar ist das mit einem Steinmetz, der aus einem einfachen Stein eine wunderbare Statue zum Leben erweckt. Ein wahrer Meister seines Fachs sieht in einem Stein eine Form und entfernt alles, was nicht zu

OBEN

Tsuboniwa – so werden die Binnengärten in Japan genannt, die von allen Seiten von Mauern, Zäunen, Hecken oder wie hier von Stegen umschlossen sind. Gärten, die weniger betreten als vielmehr betrachtet werden.

OBEN

Vorbei an Fächerahornen wird der Gartenbesucher über bequeme Trittplatten zum Tor im Bambuszaun geleitet. Es markiert den Übergang vom Binnengarten in den angrenzenden Landschaftsgarten.

dieser Form gehört. Würde er zunächst auf den Stein das zeichnen, was später daraus entstehen soll, wäre das zwar solides Handwerk, jedoch keine wahre Kunst.

Das innere Gleichgewicht finden

Wer einen japanischen Garten anlegen möchte, sollte vor allem seiner Intuition vertrauen. Natürlich gibt es in der Gartenkunst wie bei jeder Kunstform einige Regeln. Die Harmonie, die asiatische Gärten ausstrahlen, ist jedoch nicht das Ergebnis eines ausgeklügelten Plans, sondern vor allem das Ergebnis von sehr viel Achtsamkeit. Diese Achtsamkeit beginnt lange vor der eigentlichen Gartengestaltung. Sie fängt im Alltag an. Jede Handlung wird mit Bedacht ausgeführt.

Um ein Gefühl für Proportionen und naturnahe Gestaltung zu bekommen, muss man mit offenen Augen durch die Welt gehen. Sich Zeit nehmen, um genau zu beobachten, wie die Natur sich in Wäldern, an Tälern und Flüssen als Baumeisterin betätigt hat. Wer das tut, wird beispielsweise feststellen, dass er an Flussbiegungen immer auch eine Sandbank finden wird – ein Gestaltungsprinzip, das sich auch auf den Bachlauf im heimischen Garten übertragen lässt.

Gärten in Japan – das sind Meisterwerke der Ausgewogenheit und Balance. Gegensätze werden ausgeglichen: Ungezähmtheit steht Kontrolliertem gegenüber, waagerechte Linien werden mit senkrechten ausgeglichen, Wasser wird mit Stein kombiniert.

DAS LEBEN IST KEIN PROBLEM, DAS ES ZU LÖSEN,
SONDERN EINE WIRKLICHKEIT, DIE ES ZU ERFAHREN GILT.

Gautama Buddha

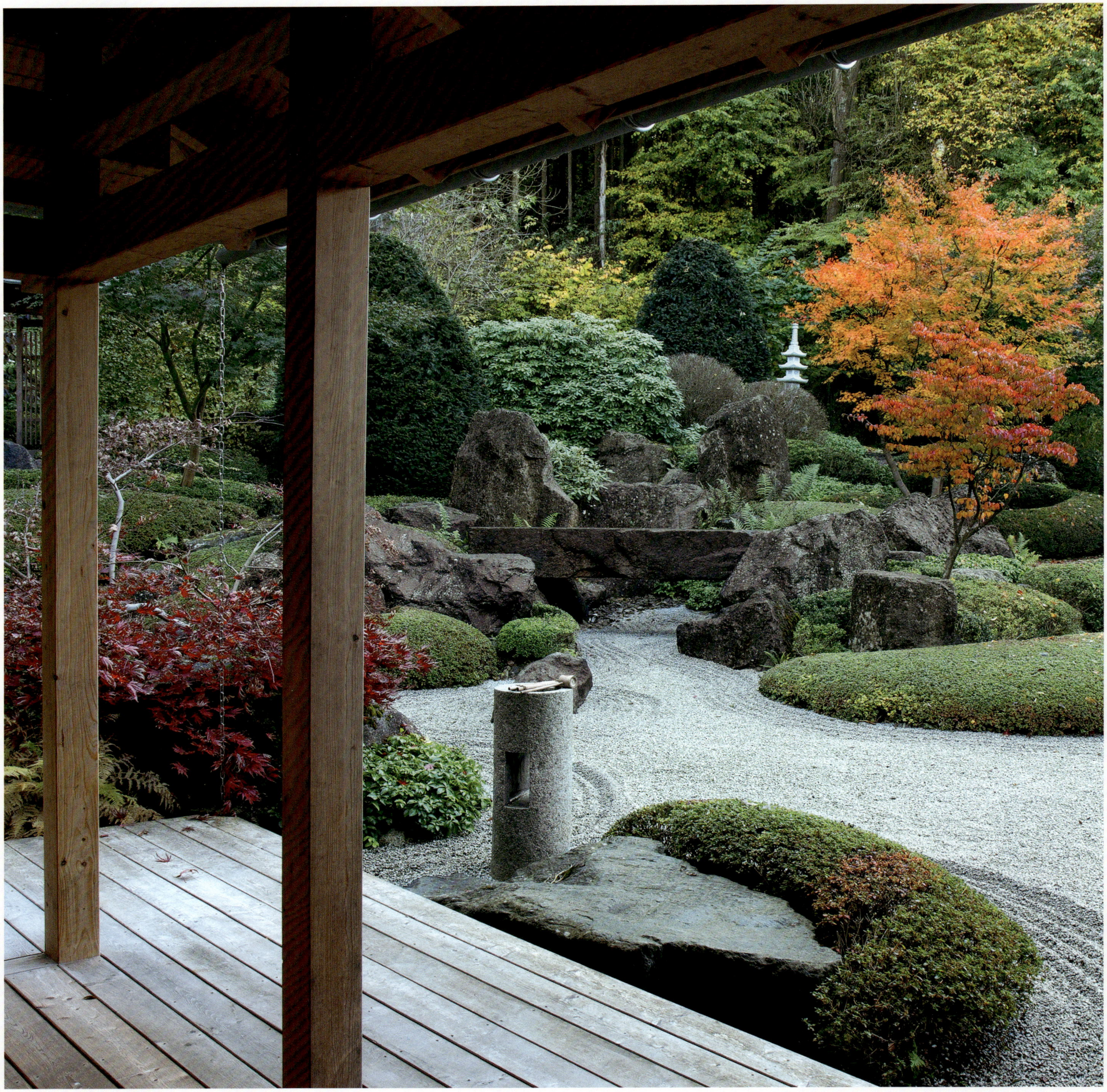

JAPANISCHE GARTENKUNST VERSTEHE ICH VOR ALLEM ALS EINE KUNST,
NATURIMPRESSIONEN IM GARTEN WIDERZUSPIEGELN.

Andreas Langsdorff

Ein neues Heim für die Kois

FASZINIERT VON KOIS, ENTDECKTE GÜNTER HEYMANS BEIM
TEICHBAU SEINE LEIDENSCHAFT FÜR JAPANISCHE GÄRTEN –
UND FING AN, DAS EIGENE GRUNDSTÜCK UMZUGESTALTEN.

禅

RECHTS
Schlicht und schön ist die überdachte Pforte am Eingangsbereich zum Garten der Familie Heymans. Der knorrige Stamm eines 120 Jahre alten Olivenbaums weist den Weg.

Günter Heymans Interesse für japanische Gärten begann mit einem Gartenteich. Vor 20 Jahren fing der frischgebackene Hausbesitzer an, auf seinem Grundstück in Grefrath ein Loch zu graben, verbaute 200 m² Vlies und Folie, 38 m² Kies, setzte Koikarpfen ein und stand zwei Jahre später vor der Entscheidung, entweder auf Kois zu verzichten oder den Teich neu zu bauen. »Ich hatte so ziemlich alles falsch gemacht«, erinnert sich Heymans. Zu viel Oberfläche, zu wenig Tiefe und damit zu hohe Temperaturen – das nahmen die empfindlichen Kois übel. Algen hingegen liebten das vor allem im Sommer extrem warme Wasser, vermehrten sich munter und färbten den Teich grün.

Heymans entschied sich für einen Neubau. An jeder Stelle mindestens zwei Meter tief sollte der Teich sein, mit einer kleinen Flachzone, kristallklarem Wasser, ausreichender Durchströmung und einem Filtersystem, das diesen Namen auch verdient. Etliche Monate verbrachte er mit dem Bau, bis seine Kois schließlich ein neues zu Hause hatten, in dem sie ein artgerechtes Leben führen können.

Der Nishikigoi, kurz Koi genannt, stammt vermutlich aus China und fand von dort den Weg über Japan nach Europa. Die Faszination für diese Karpfenart führte Günter Heymans bereits 1995 nach Japan. Dort sah er die ersten japanischen Gärten und beschloss, dass er diese Art der Gestaltung auf seinem Grefrather Grundstück verwirklichen wollte. Als gelernter Fliesenleger mit viel handwerklichem Geschick ausgestattet, entschied sich Heymans für eine Seite seines Gartens und begann, diese im japanischen Stil umzugestalten. Er errichtete Mauern, legte Beete an, die er mit einem Bonsai und Azaleen bepflanzte, und gab dem Ganzen mit einer japanischen Steinlaterne den letzten Schliff.

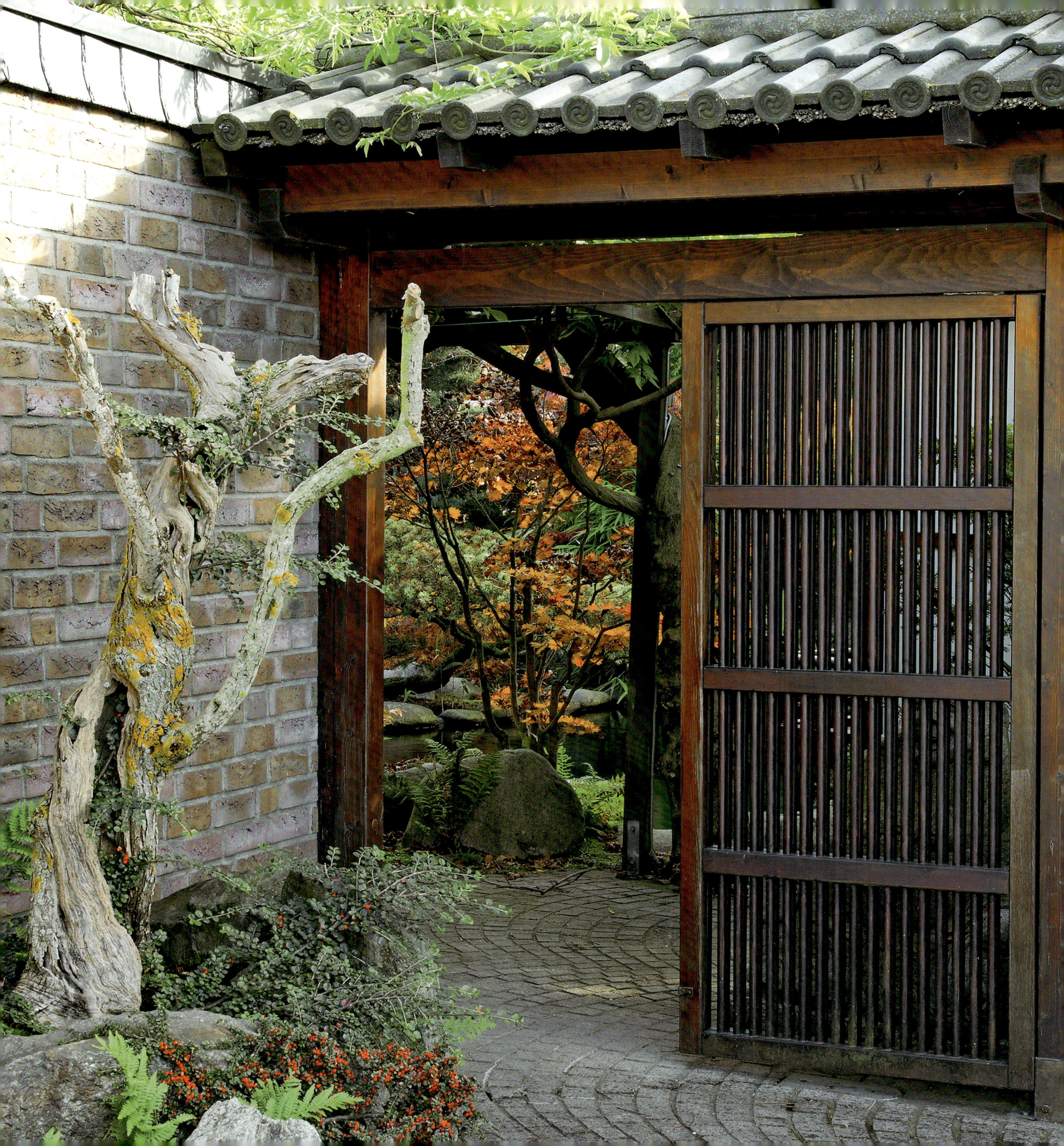

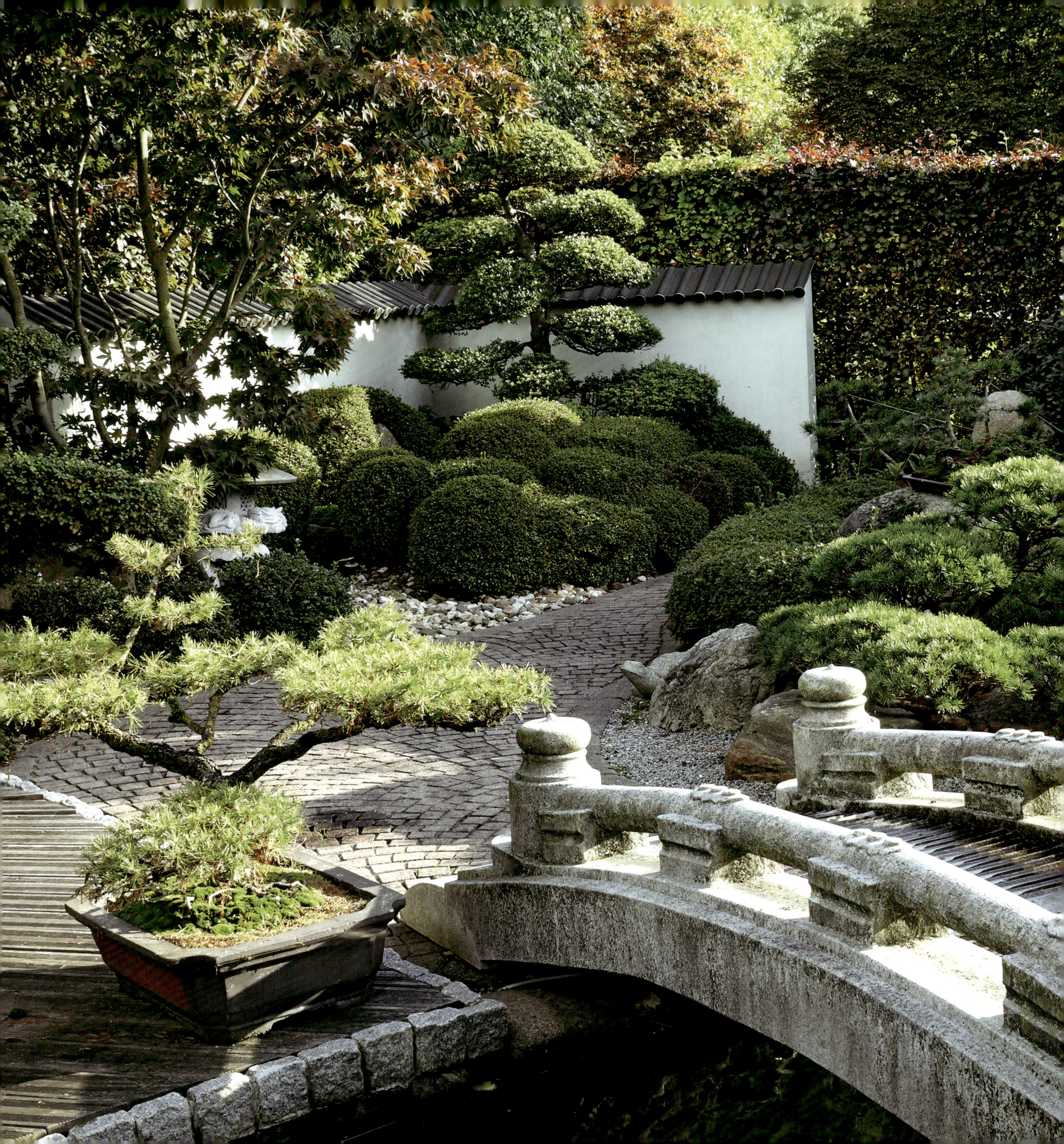

OBEN

Das Teehaus wurde auf vier Standbeine gebaut und bekam so einen schwebenden Charakter. Die Wände lassen sich öffnen und geben den Blick auf den Teich frei.

LINKS

Jeden Tag erfreut sich Günter Heymans an der majestätischen Ausstrahlung seiner handzahmen Kois.

LINKE SEITE

Durch den seitlichen Bewuchs und das Aufstellen eines Bonsais wird die Steinbrücke harmonisch ins Gesamtbild des Gartens integriert.

OBEN UND RECHTS
Der abwechslungsreich gestaltete Teich erfreut nicht nur die Gartenbesitzer, sondern auch seine Bewohner, die Kois. Damit sich die sensiblen Fische nicht an spitzen Kanten verletzen, wurden für den Uferbereich runde Steine verwendet.

Anschließend folgte das Teehaus, das Heymans komplett selbst plante und baute. Ein halbes Jahr schnitt, nagelte und verschraubte er Spanplatten und Brettschichtholz und strich alles mit dunkelbrauner Farbe an. Auf vier Standbeinen schwebt das Teehaus nun scheinbar über dem Garten und dem Teich, abends scheint sanftes, gelbes Licht durch die Schiebetüren nach außen. In Japan wird für die Türverkleidung Papier verwendet, das aus dem Maulbeerstrauch gewonnen wird. Günter Heymans hat sich für Plexiglas entschieden. »Das zarte Papier würde unser Klima nicht lange überstehen.« Wie die Tradition es erfordert, passiert man auf dem Weg zum Eingang des Teehauses ein Tsukubai, ein Wasserbecken aus Stein.

Harmonischer Gesamteindruck

Einen Plan, wie der fertige Garten aussehen soll, hatte Günter Heymans nie. Nach und nach hat er sich von einer Seite des Grundstücks zur anderen vorgearbeitet. An den Wassergarten mit dem Teich und an das Teehaus schließen ein Steingarten und ein Zen-Garten an. Auch der Eingangsbereich bekam ein neues Gesicht. Sieben Jahre dauerte die stückweise Umgestaltung des Gartens, der in seiner Gesamtheit dennoch so harmonisch wirkt, als sei er aus einem Guss.

»Auf meinen mittlerweile acht Japanreisen habe ich sicher an die 100 Gärten besucht. Aus jedem nimmt man eine Idee, eine Anregung mit«, sagt Heymans. Mit dem Ort verschmelzen, die Stimmen der Umgebung in sich aufnehmen, sich auf das Wesentliche konzentrieren, keine harten Brüche an den Übergängen von einem Gartenraum in den anderen, keine geraden Linien – das sind die Gestaltungsprinzipien, an denen er sich stets orientierte.

In den 20 Jahren, die sich der 59-Jährige nun mit japanischen Gärten beschäftigt, hat er es auch im Pflanzenschnitt zu einiger Meisterschaft gebracht. Die 2 600 Azaleen haben sich mit den Jahren zu üppigen Büschen entwickelt, die er geduldig zu Stufen und Terrassen formt. Bis auf eine Eibe und einen Ilex hat Heymans alle Formgehölze selbst zurechtgestutzt. Wacholder, Kiefern, Lärchen – die Bäume haben sich unter seinen kundigen Händen zu kleinen Kunstwerken entwickelt. Das Hobby des **Niwaki**, wie die japanischen Gartenbäume heißen, ist nichts für Ungeduldige. Sechs bis sieben Jahre dauert es beispielsweise, bis eine Kiefer sich langsam zu einem schönen Formgehölz entwickelt.

2002 war Heymans mit der Umgestaltung des Grundstücks fertig. Seither sieht er seine Aufgabe darin, den Garten zu erhalten und behutsam weiter zu formen. »Ein japanischer Garten muss reifen.« Wenn er dazu genug Zeit hat und richtig gepflegt wird, strahlt er von Jahr zu Jahr mehr Harmonie, Kraft und Poesie aus.

禅

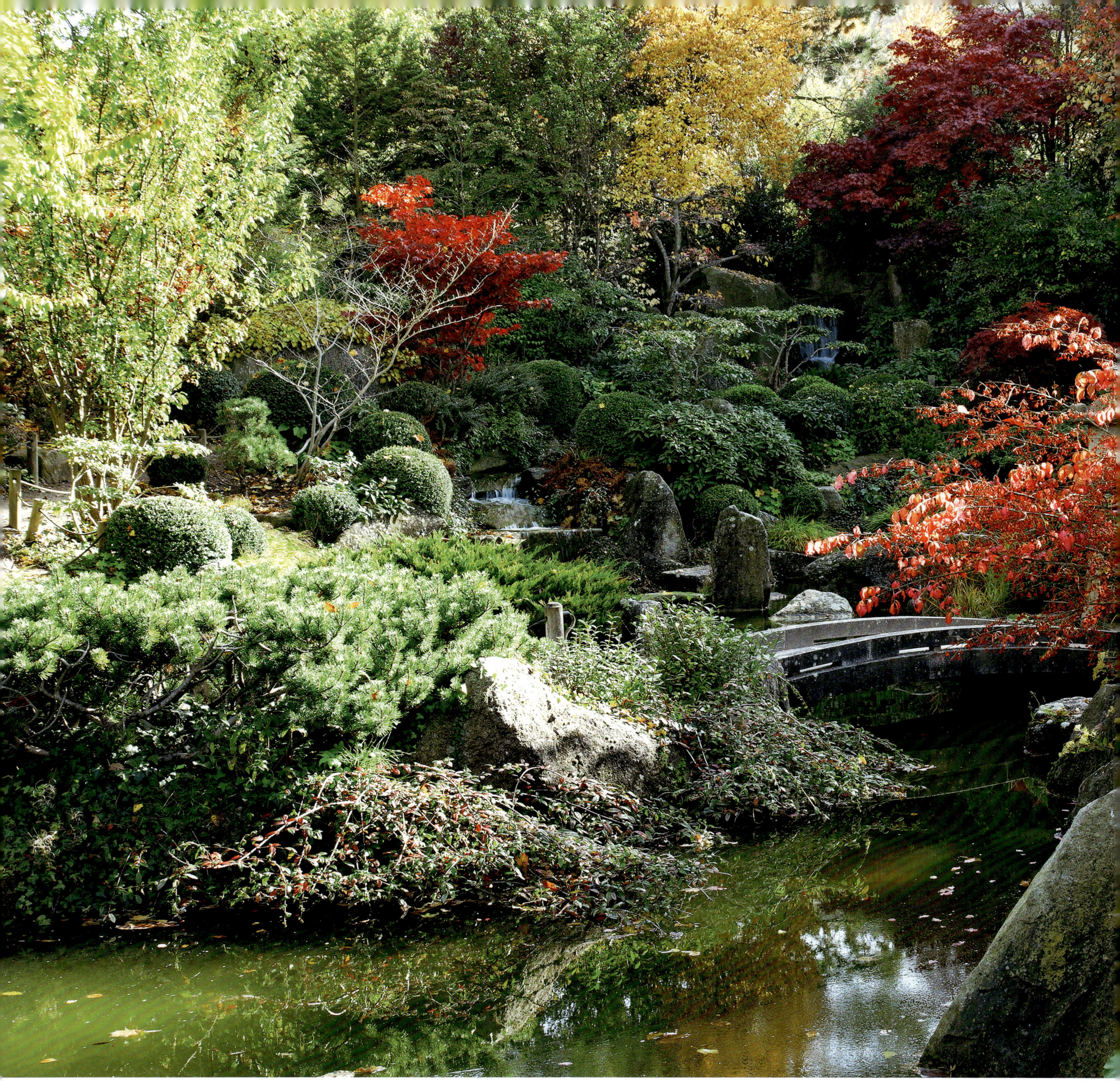

Vollkommene Harmonie spüren

DAS RAUSCHEN DER BLÄTTER, DAS PLÄTSCHERN
DES WASSERS, VON DER SONNE
GEWÄRMTE STEINE – DAS IST HARMONIE PUR

Gekonntes Spiel mit Formen, Farben und Proportionen

OBEN UND RECHTS

Torii sind auffällige japanische Bauwerke, die Eingänge zu Shinto-Schreinen markieren (oben). Markante Elemente finden sich auch an Teichen. Der Blick des Besuchers wandert über den Teich hinweg bis zum »Meisterstein« im Hintergrund (rechts).

Japanische Gärten laden zum Entdecken und Verweilen ein. Egal, von welchem Blickwinkel aus man sie betrachtet: immer wirkt das Bild, das sich den Augen bietet, harmonisch – Resultat ausgeklügelter Arbeit, denn Japaner sind Meister darin, die Sinne zu manipulieren.

Berge, Seen, Hügellandschaften – das alles findet in einem japanischen Garten Platz. Japanische Gartengestalter verstehen es geradezu meisterhaft, mit Größe, Entfernung und Blickwinkeln zu spielen. Während das Gestaltungsprinzip in europäischen Gärten lautet »Großes nach hinten, Kleines nach vorne«, ist es in japanischen Gärten genau umgekehrt. Ein großer Baum im Vordergrund; ein kleiner Baum im Hintergrund – schon wirken Flächen größer, als sie sind. Das menschliche Auge wird perfekt getäuscht, indem es aufgrund des Größenunterschiedes eine Entfernung zwischen den beiden Pflanzen annimmt, die gar nicht existiert. Dieses

Prinzip wird auch bei der Steinsetzung angewendet. Niedrige Steine und Pflanzen als Verbindung zwischen Vorder- und Hintergrund machen das Bild komplett. Der kunstvolle Umgang mit der Perspektive gilt auch für das Wasser. So werden beispielsweise Teiche derart gestaltet, dass sie sich nach hinten zu verjüngen.

Auf keinen Fall darf es im japanischen Garten etwas geben, das einen Vergleich erlaubt und somit die optische Täuschung aufdeckt. Das ist einer der Gründe, warum sich in japanischen Gärten keine Blumen befinden. Wir kennen die Größe vieler Blumen und setzen die Umgebung dazu in Relation. Eine Rose oder Tulpe in der Nähe des Wasserfalls, der aufgrund seiner Gestaltung so wirkt, als sei er mehrere Meter hoch, kann dessen wahre Größe verraten. Die Sinnestäuschung funktioniert übrigens immer wieder neu. Auch wenn das menschliche Auge die reale Größe eines Steines oder Strauches erkennt, etwa anhand eines sitzenden Vogels, sind die Proportionen wieder perfekt, sobald sich der Vogel entfernt.

Farben sind ein weiteres Mittel, um die Illusion von Tiefe zu vermitteln. Hellgrüne Pflanzen werden vorne, also in die Nähe des Betrachters, gepflanzt. Mit steigender Entfernung wird dunkleres Grün gewählt, der Eindruck wird diffuser. Ebenso wird mit Texturen gespielt. Steht man neben Pflanzen, kann man deren Blätter erkennen, während sie in der Ferne eher wie ein grüner Teppich wirken, bei dem sich keine Einzelheiten mehr unterscheiden lassen.

DIE GARTENKUNST AHMT NICHT NUR DIE NATUR NACH, INDEM SIE DEN WOHNPLATZ
DES MENSCHEN VERSCHÖNERT, SIE ERHÖHT AUCH SEIN GEFÜHL VON DER GOTTHEIT.

Christian Hirschfeld

Geschwungene Linien wie in der Natur

Japanische Gärten – das sind Gärten mit weichen, aber dennoch klaren Formen. Nur selten findet man gerade Linien. Schließlich geht auch das große Vorbild, die Natur, damit eher sparsam um. Gerade Wege werden nur dort gebaut, wo derjenige, der auf ihnen geht, schnell ans Ziel gelangen soll. In der Regel ziehen sich Wege in sanften Schwüngen über das Gelände. Der Belag entscheidet maßgeblich darüber, wie intensiv sich der Gartenbesucher der Umgebung widmen kann. Ein Kiesweg oder bequeme, glatte, weit auseinanderliegende Trittsteine beispielsweise lassen einen schnelleren Schritt zu als kleine Steine mit unregelmäßiger Oberfläche. So werden die Wege in Teegärten oftmals schmaler und unebener, je näher man dem Teehaus kommt. Das achtsame Begehen soll nicht nur den Schritt verlangsamen, sondern auch den Geist zur Ruhe kommen lassen.

Mit der Wegeführung lässt sich die Aufmerksamkeit lenken. Pfade, die plötzlich enden, zwingen dazu, den Blick zu erheben und sich umzusehen, wie es weitergeht. Ähnlich einem Bergsteiger, dem sich am Ende des Gipfelpfades ein spektakulärer Fernblick bietet, eröffnet sich dem Gartenbesucher an diesen Stellen meist ein besonderes Panorama. Auch unerwartete Wendungen sind Hinweise darauf, dass den Augen hinter der Biegung vermutlich eine Überraschung geboten wird.

Die Kunst der Reduktion

Ebenso meisterhaft wie den Umgang mit der Perspektive beherrschen japanische Gartengestalter die Kunst des Weglassens. Während in Deutschland oder in England ein Garten mit jeder Blüte prachtvoller erscheint, üben sich die Japaner im Minimalismus. »So viel wie nötig, so wenig wie möglich« könnte das Motto lauten. Minimalistisch bedeutet jedoch nicht öde, wie jeder bestätigen wird, der einmal einen Trockenlandschaftsgarten *(kare-san-sui)* besucht hat. Für uns Europäer ist dies der Inbegriff des Zen-Gartens – eine Bezeichnung, die den Japanern allerdings fremd ist. In der Regel handelt es sich bei diesen Gärten um einen abgeschlossenen Bereich, der von einer Mauer, einem Zaun oder einer Hecke umgeben ist. Wasser wird dort durch Kies, ein Wasserfall durch Felsen symbolisiert. Um den Eindruck von Wasser zu verstärken, wird der

OBEN

Wenn der Durchgang von einem Gartenteil zum anderen frei ist, sind Besucher willkommen. Andernfalls sind Weg und Tor von einem Balken versperrt, an dem ein großer Stein, befestigt an einer Kette, bis zum Boden hängt.

OBEN
Wo früher fünf Meter hohe Bäume standen, ist nun der Blick frei in die umgebende Landschaft. Die Eibenhecke, die den Garten jetzt begrenzt, ist an mehreren Stellen unterbrochen, um eine Verbindung nach außen zu schaffen.

Kies normalerweise geharkt. Die Muster, die mit viel Sorgfalt und einem Rechen in die Kiesflächen gezogen werden, sind vielfältig. So versinnbildlichen gerade Linien das gemächliche Fließen eines breiten Stromes, während Wellenmuster die Bewegungen des Meeres an einem windstillen Tag darstellen. Häufig anzutreffen ist eine Kombination, beispielsweise aus geraden Linien sowie Kreisen oder Bögen um Felsengruppen oder Büsche herum, die in der Kiesfläche allerdings sparsam verwendet und sehr gezielt gesetzt werden. Die Gestaltung der Trockenlandschaftsgärten mag auf uns zunächst etwas befremdlich wirken, da unsere Augen eher an üppige Pflanzungen gewöhnt sind. Doch kein anderer Garten lässt dem Betrachter so viel Raum für eigene Fantasie und beruhigt zugleich den Geist.

Die Harmonie, die alle japanischen Gärten ausstrahlen, kommt nicht von ungefähr. Sie ist das Ergebnis von Zeit gepaart mit Einfühlungsvermögen. Für die Gestalter ist es sehr wichtig, die Qualität eines Ortes wahrzunehmen und zu erspüren, welcher Garten sich dort entfalten möchte. Jeder Ort hat bestimmte, ihm eigene Energien. Diese Wahrnehmung von Energien ist übrigens kein asiatisches Phänomen. Zu allen Zeiten und überall auf der Welt haben Menschen die geistigen und seelischen Qualitäten von Gegenden erspürt und dort Kultstätten oder Bauwerke errichtet. Kraftplätze wie Stonehenge in Großbritannien, Ayers Rock in Australien oder die Externsteine im Teutoburger Wald geben davon Zeugnis. Auch im Alltag zeigte sich dieser Glaube an bestimmte Energien. So hatten Herrscherhäuser immer große, einladende Eingangsbereiche, mit denen Reichtum, Macht und Gesundheit Tür und Tor geöffnet werden sollten, Bauernhäuser wurden oft mit Symbolen verziert, um das Böse abzuhalten. Während dieses Wissen im Alltag unserer westlichen Welt jedoch kaum eine Rolle spielt, wird es in Ostasien als **Feng-Shui** ganz selbstverständlich praktiziert. Auch bei uns findet diese Haltung immer mehr Befürworter.

Die Harmonie im Feng-Shui

Harmonie als Lebensprinzip – dieser Gedanke liegt dem Feng-Shui zugrunde. Übersetzt bedeutet es »Wind und Wasser«. Mit Feng-Shui sollen positive Energien gestärkt, negative Energien abgewendet und gegensätzliche ausgeglichen werden. Ziel aller Bemühungen ist es, das Qi, das man sich als alles durchströmende Lebens- oder Antriebskraft vorstellen kann, positiv zu beeinflussen. Zu wenig oder blockiertes Qi macht krank. Qi kann fließen, wenn sich Yin und Yang, also das weibliche, passive Prinzip und das männliche, aktive Prinzip, im Gleichgewicht befinden. Beide Kräfte stehen zwar im Gegensatz zueinander, ergeben aber nur gemeinsam ein harmonisches Ganzes. Der Ausgleich gegensätzlicher Kräfte – auch das ist nichts, was im Westen unbekannt ist. Überall und zu allen Zeiten bemühen sich Menschen bewusst oder unbewusst, ein inneres Gleichgewicht zu erreichen. Das können eine warme Suppe an kalten Wintertagen oder ein erfrischendes Bad nach einem langen Arbeitstag im Sommer sein.

OBEN

Die Ruhe japanischer Gärten kommt nicht von ungefähr. Steine, Pflanzen und Wasser – hier symbolisiert durch Kies – bilden eine harmonische Einheit.

RECHTS
Nur Ausschnitte des Gartens lassen sich mit einem Blick erfassen. Was lässt sich hinter der Hausecke entdecken? Wie geht es wohl am Ende der Brücke weiter?

Feng-Shui-Kundige sind in der Lage, die Qualität der Energien in einem bestimmten Bereich zu messen und diese Qualität dort, wo es nötig ist, zu verbessern. Ein wichtiger Bestandteil des Feng-Shui ist neben der Wahrnehmung der Energien die Arbeit mit den fünf Elementen Feuer, Wasser, Holz, Erde und Metall, die sich gegenseitig beeinflussen, ergänzen, kontrollieren, anregen oder schwächen.

Positive Energie schaffen

Ein wichtiges Handwerkszeug der chinesischen Harmonielehre ist ein spezieller Kompass, mit dessen Hilfe sich die Lebensbereiche im Haus, aber auch im Garten bestimmen lassen. Deren spezielle Energien können mit bestimmten Farben und Formen gefördert werden. Japanische Gartenmeister würden es vehement verneinen, wenn man sie fragte, ob die Prinzipien des Feng-Shui bei ihrer Gestaltung eine Rolle spielen. Doch so wie die chinesische Gartengestaltung die japanische beeinflusst hat und auf eine ganz eigene Art adaptiert wurde, wurden auch wesentliche Bestandteile des Feng-Shui in Japan übernommen. So befinden sich beispielsweise wichtige Gebäude häufig in der Nähe von Berghängen, die – ähnlich einem Lehnstuhl – Geborgenheit und Schutz im Rücken bieten sollen. Feng-Shui und japanische Gestaltungsgrundsätze widersprechen sich nicht. Ziel ist es immer, Orte positiver Energien zu schaffen. In den Gärten Japans, ja in den Gärten Asiens wird das sofort spürbar.

WILLST DU IM LAUFENDEN JAHR EIN ERGEBNIS SEHEN,
SO SÄE SAMENKÖRNER. WILLST DU IN ZEHN JAHREN EIN ERGEBNIS SEHEN,
SO SETZE BÄUME. WILLST DU DAS GANZE LEBEN LANG EIN ERGEBNIS SEHEN,
SO ENTWICKLE DIE MENSCHEN.

Zhuangzi

禅

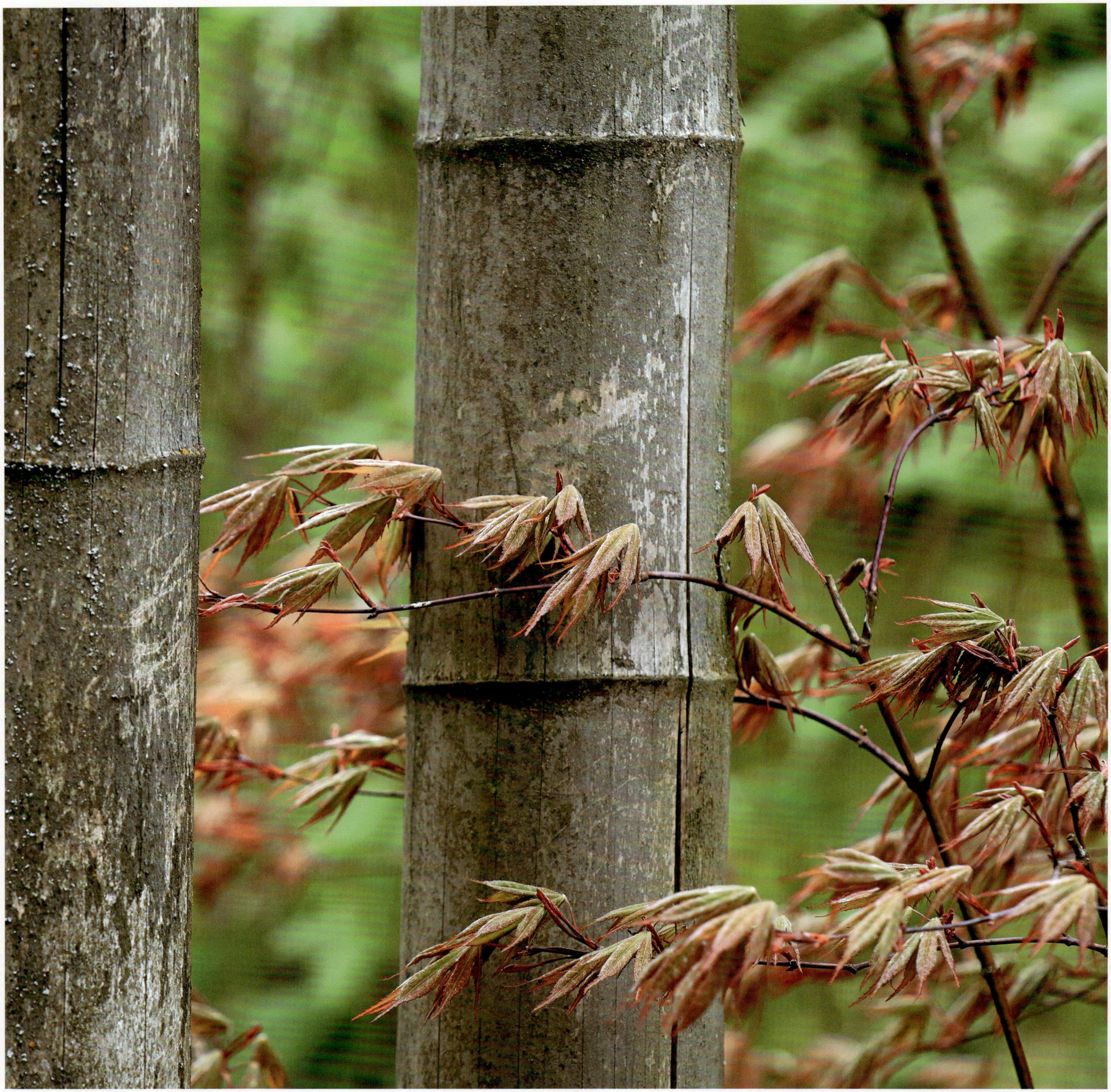

SEI WIE DER BAMBUS, BEUGE UND BIEGE DICH ANMUTIG
UND DU WIRST NIEMALS BRECHEN.

Sprichwort aus Japan

West-östliche Spiritualität

DER BENEDIKTUSHOF IN HOLZKIRCHEN BEI WÜRZBURG –

VOM EHEMALIGEN BENEDIKTINERKLOSTER

ZUM ZENTRUM FÜR SPIRITUELLE WEGE

RECHTS

Mit seiner Hanglage und dem dunklen Waldsaum mit einzelnen großen Laubgehölzen war der Platz am Benediktushof wie geschaffen für einen Meditationsgarten, der die umliegende Landschaft als einen wichtigen Teil seiner Gestaltung einbezieht.

In der Klosteranlage Benediktushof verbinden sich christliche Spiritualität und Zen-Meditation. Dies wird auch in der Außenanlage sichtbar: Klostergarten, Kreuzgang und japanischer Garten existieren friedlich nebeneinander. 2002 wurde das damals leer stehende Gebäude von Grund auf restauriert, jetzt dient es als Seminar- und Tagungszentrum.

Der Japangarten ist Teil einer Außenanlage, die der Gartengestalter Friedhelm Hellenkamp aus Icking und sein Kollege Joachim Ottensmann in mehreren Etappen auf einer brachliegenden Fläche des ehemaligen Klosters errichteten. An einem Hang im Halbschatten großer Fichten und Laubgehölze befindet sich nun der »Garten der verborgenen Quelle«. Ein idealer Ort, findet Hellenkamp: »Die Pflanzen in japanischen Gärten, die Rhododendren und Azaleen, brauchen Schatten und Feuchtigkeit, um zu gedeihen.«

Wichtig war für den Gestalter Hellenkamp zunächst, das Bewusstsein des Ortes, den *Genius Loci*, zu erfassen. Ebenso verhielt es sich bei der Gestaltung des Japangartens. Hellenkamp fühlte sich zunächst in den Platz ein. Schon bald kamen die ersten Gestaltungsideen. Er zeichnete, plante und verwarf, zeichnete und verwarf erneut, um schließlich zu seinem ersten Entwurf zurückzukehren: einem Meditationsgarten mit Wasserfällen und einem Meer, beides symbolisiert von feinen Kieselsteinen. Dieses Gestaltungsprinzip wird in Japan ***kare-san-sui*** (Berg-Wasser-Landschaft) genannt.

Die Idee einer Quelle, aus der das Wasser über einen Wasserfall ins Meer fließt, hat viel mit der Energie des Geländes zu tun. »Dort, wo der Fluss entspringt, gibt es energetisch tatsächlich eine Quelle«, erklärt Hellenkamp. Das haben zumindest Geomanten festgestellt, die das Klostergelände untersuchten.

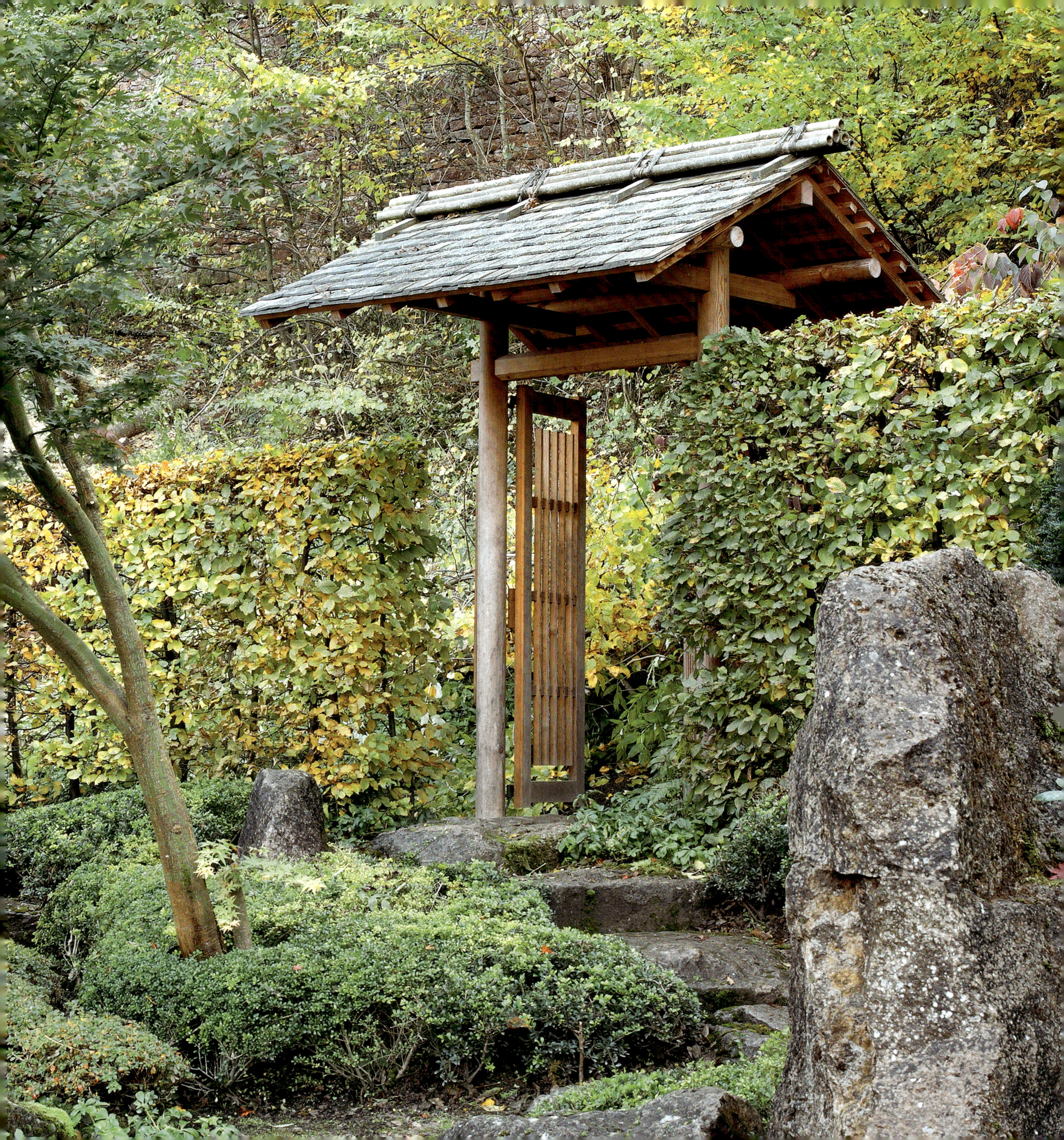

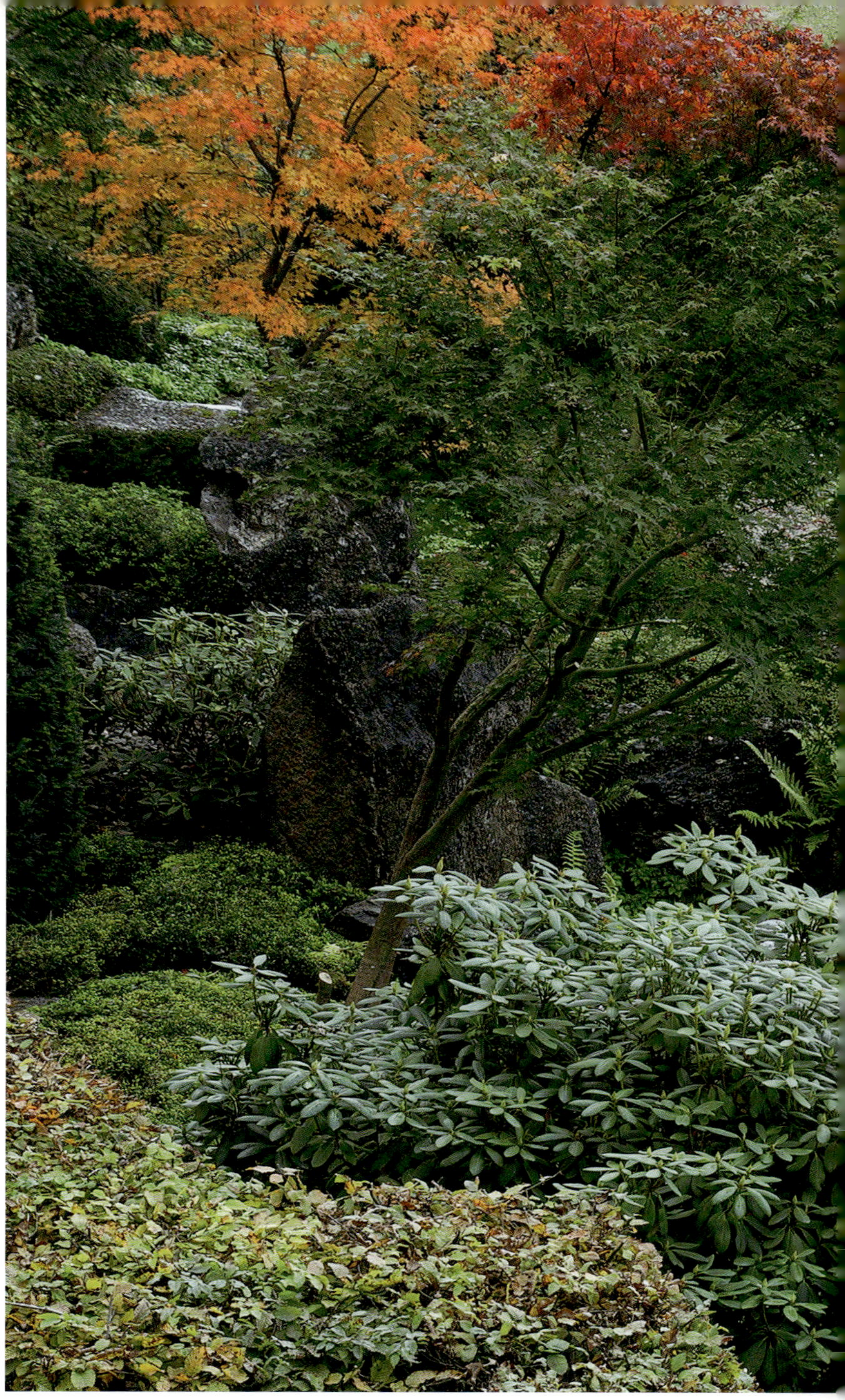

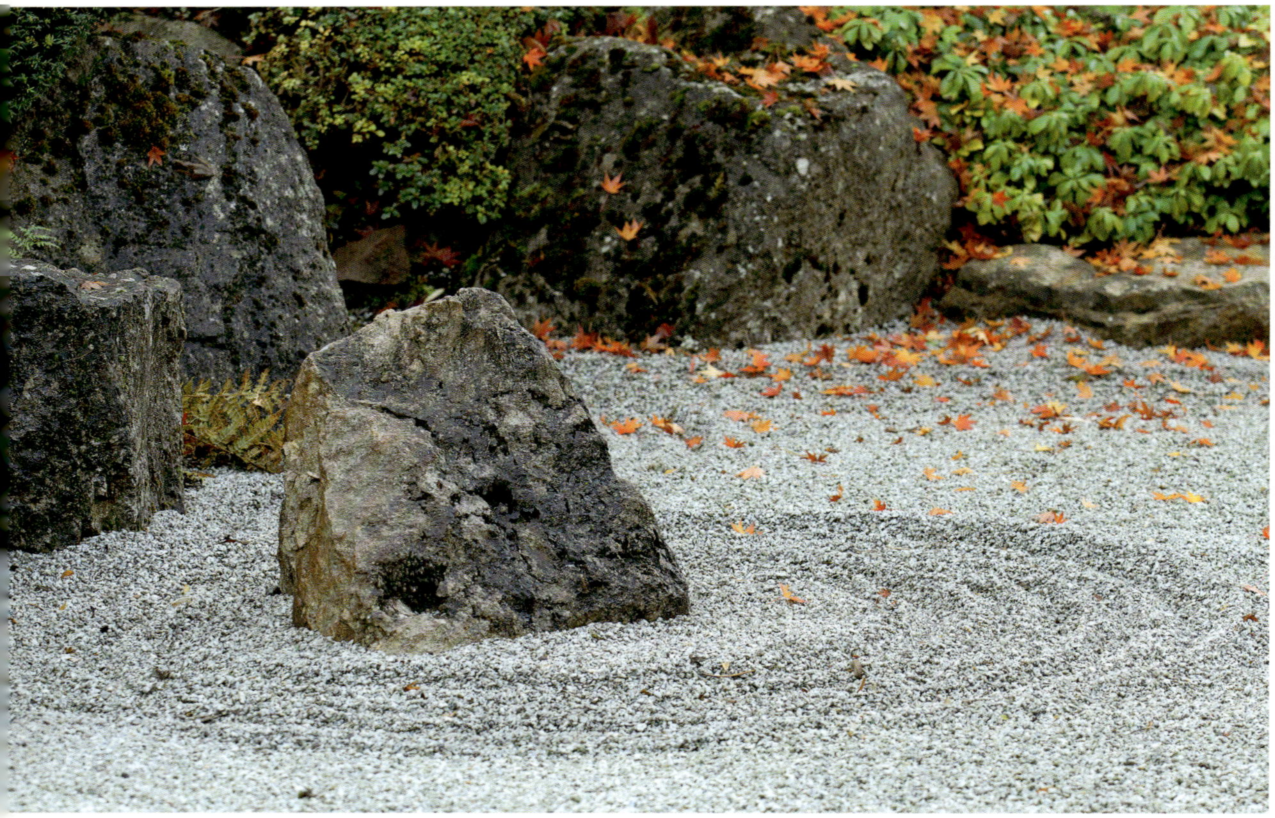

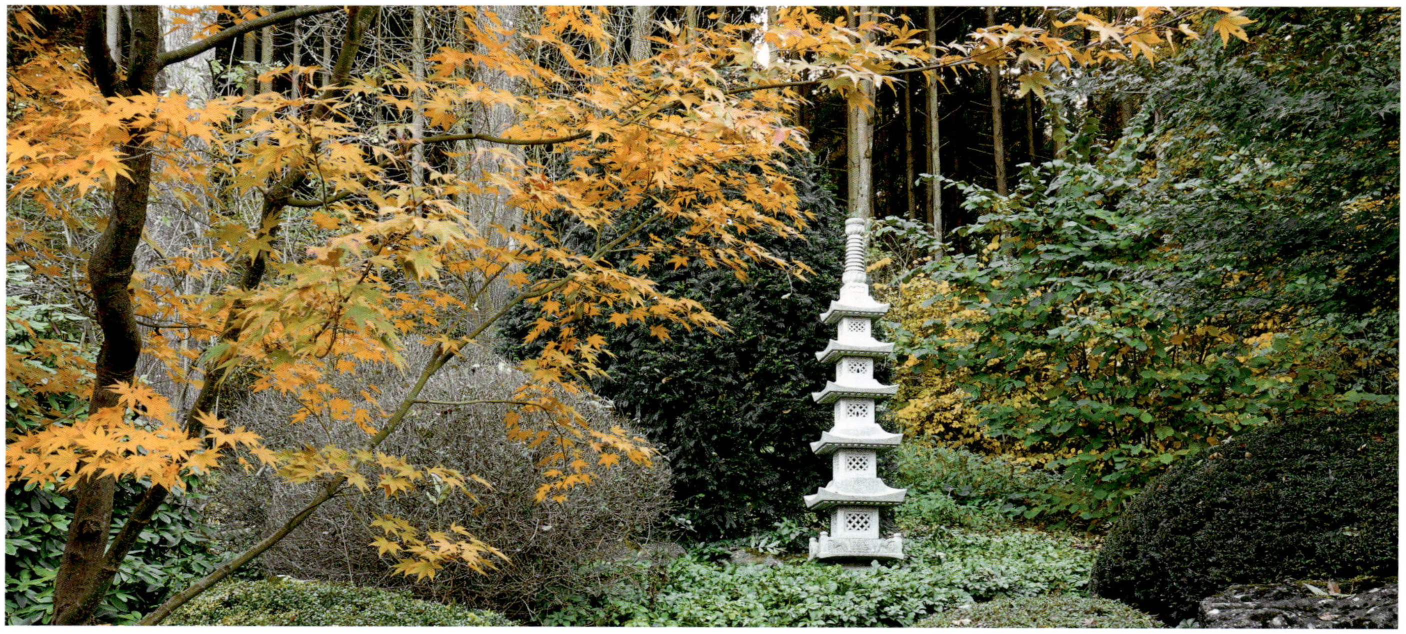

OBEN LINKS

Wie Wellen »umspült« der Kies die Felsen, die wie Inseln im Meer liegen. Die Wellenformen, die von kreisrund bis sanft geschwungen reichen können, werden mit der Harke gezogen.

UNTEN LINKS

In den mehrstöckigen Pagoden wurden ursprünglich die Überreste buddhistischer Mönche aufbewahrt. Als kleine Nachbildung schmücken die markanten Bauwerke asiatische Parks und Gärten.

OBEN

Trockenlandschaftsgärten, bei denen Meer und Wasserfälle mit Kies und Felsen dargestellt werden, haben ihren Ursprung in den Klostergärten des alten Japans.

禅

Energetische Orte

Ob in Asien oder Europa: Heilige Stätten wurden immer schon auf Orten mit besonderer Energie errichtet. Geomanten gehen sogar davon aus, dass verschiedene heilige Orte durch ein Liniennetz verbunden sind, sogenannte Ley- oder Drachenlinien. »Man mag daran glauben oder nicht, aber als ich meine erste Planung später mit alten Aufzeichnungen über die Energielinien verglichen habe, befanden sich die optischen Höhepunkte des Gartens tatsächlich auf diesen Linien«, berichtet Hellenkamp.

Lange bevor der eigentliche Garten angelegt wurde, entstand sein Rahmen: Mauern wurden errichtet und Hecken gepflanzt, die nach drei bis vier Jahren mit Beginn der Bauarbeiten genau die richtige Höhe hatten. Im zweiten Schritt setzte man die Steine. Die Suche nach den passenden Steinen für einen Japangarten kann lange dauern. In diesem Fall wurden Hellenkamp und Ottensmann in einem Steinbruch ganz in der Nähe des Benediktushofes fündig. »Dort lagen wunderbare Steine seit den 1950er-Jahren unbeachtet und vergessen im Gebüsch«, erinnert sich Hellenkamp. Mehr als ein halbes Jahrhundert hatten Moose und Flechten Zeit gehabt, sich auf dem Muschelkalk anzusiedeln. Das Moos gibt den Steinen nicht nur ein verwittertes Aussehen, es erleichtert auch das Setzen der Steine, da der Bewuchs im fertigen Garten möglichst natürlich aussehen muss.

OBEN UND RECHTS
Ein Wasserfall, erbaut aus mächtigen Muschelkalksteinen der Umgebung Würzburgs, gehört zu den Höhepunkten des Gartens. Der Trockenwasserfall mündet in das Kiesmeer, das an einigen Stellen mittels Trittsteinen und Stegen überschritten werden kann.

350 Tonnen Steine setzten die beiden Gartengestalter für den Garten gemeinsam. »Normalerweise hat das jeder immer für sich alleine getan, da wir völlig unterschiedliche Vorgehensweisen haben«, sagt Hellenkamp. Joachim Ottensmann dreht die Felsen, wendet sie und arrangiert sie immer wieder neu, Hellenkamp betrachtet den Stein lange Zeit sehr genau, damit er möglichst gleich beim ersten Versuch an der richtigen Stelle ist. »Das ist nichts, was man mit dem Kopf entscheidet, sondern mit dem Bauch. Man muss einen Bezug zum Stein bekommen«, beschreibt der 61-jährige das Vorgehen. Wie oft Steine gedreht und gewendet werden können ist – ganz pragmatisch – auch eine Frage des Budgets, das zur Verfügung steht.

Nachdem mit den Steinen das »Skelett« des Gartens angelegt war, folgten die Bepflanzung und Ausstattung. Ein Lärchenholztor markiert den Eingang zum Garten, extra angefertigte Mühlsteine führen als Wassersteine über eine Kiesfläche zum Meditationshaus. Von dort eröffnet sich der Blick über den Wasserfall, an dessen Fuß sich eine große Steinbrücke befindet. Japanische Azaleen, Rhododendren und Farne umspielen die Felsen, japanische Ahorne und asiatischer Blütenhartriegel setzen Akzente. Der Garten am Benediktushof wird nicht nur von den Gästen des Seminarzentrums gerne besucht. Auch die Bewohner der umliegenden Orte haben die Ruhe und Ausstrahlung der »Verborgenen Quelle« längst schätzen gelernt.

禅

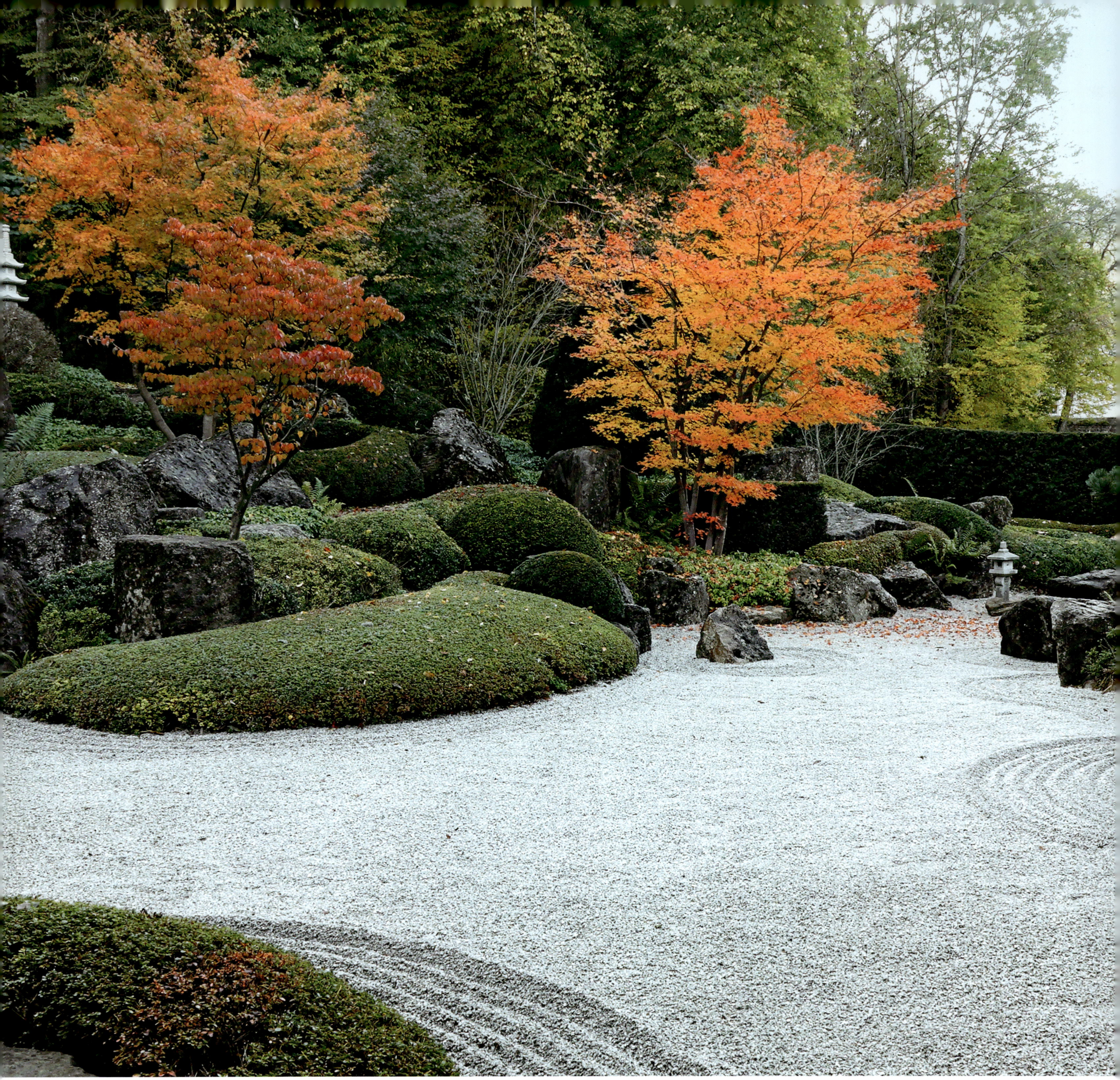

Stein und Fels – das Fundament

WER FELSEN SETZEN KANN, IST IN JAPAN

HOCH ANGESEHEN UND HAT VIELE JAHRE

BIS ZUR MEISTERSCHAFT GEBRAUCHT

Die Geheimnisse des ewigen Lebens ergründen

Japaner betrachten Steine als etwas Lebendiges. Bestimmte Steinformationen – *iwakura* (Felssitz) genannt – sollen die **Kami**, also Götter, Naturgeister und Seelen einladen, sich niederzulassen. Kein Wunder, dass Steine das Fundament eines Gartens bilden und Steinsetzen als Kunst angesehen wird.

In der chinesischen Mythologie gibt es die Geschichte der »Inseln des ewigen Lebens«, auch »Inseln der Unsterblichen« genannt. Dem Mythos zufolge, der ungefähr im ersten Jahrhundert vor Christus entstand, wurden diese fünf Inseln von Meeresschildkröten getragen. Je nach Überlieferung befanden sie sich auf dem Rücken eines oder mehrerer Tiere. Zwei der Inseln gingen verloren und waren nicht mehr gesehen. Der chinesische Kaiser Wu, der zur damaligen Zeit herrschte, rüstete verschiedene Expeditionen aus, um die Inseln zu finden und das Geheimnis des ewigen Lebens zu erfahren.

LINKS
Felsen in Kiesflächen symbolisieren häufig die »Inseln der Unsterblichen«, deren Bewohner das Geheimnis des ewigen Lebens kannten.

Nach mehreren vergeblichen Versuchen entschied sich der Kaiser, die Unsterblichen, die sich der Legende nach mit Kranichen fortbewegten, nicht länger zu suchen, sondern sie mit einem wunderbaren Garten in seinen Palast zu locken. Bis heute ist das Geheimnis des ewigen Lebens nicht gelüftet. Was blieb, sind Steine, die in Gärten Inseln in Form von Schildkröten und Kranichen symbolisieren.

Steine als lebendige Wesen

»Behandle einen Stein wie eine Pflanze, die Pflanze wie ein Tier und ein Tier wie einen Menschen.« Dieses japanische Sprichwort zeigt, dass Steine keine tote Materie, sondern lebendige Wesen sind. Sie werden nicht einfach wahllos im Garten verteilt. Manche Steine verkörpern Buddha, symbolisieren Inseln und sind Wohnorte von Gottheiten und Naturgeistern. Im Shintoismus werden besonders eindrucksvolle Felsen sehr verehrt.

Die Steinsetzung in japanischen Gärten kann voller Symbolik stecken, deren Interpretation meist dem Betrachter überlassen bleibt. Ebenso häufig sind Steine jedoch einfach nur Steine, die allerdings nicht nach einem festen Plan gesetzt werden, sondern nach Gefühl. Jeder Stein hat einen Platz, den er bevorzugt, und eine Richtung, die für ihn die passende ist. Ob er lieber alleine stehen möchte oder Gesellschaft mag – das alles vermag derjenige dem Stein zu entlocken, der sich in ihn einfühlen kann.

UNTEN UND RECHTS
Harmonie im Garten entsteht, wenn man sich auf ein oder zwei Steinsorten beschränkt. In diesem Garten (unten) sind Felsen und Trittsteine aus Granit. Auch ein Mix kann ansprechend sein, wenn zum Beispiel edle Granitplatten mit ebenmäßiger Oberfläche einen Kontrast zu grauen Marmorfelsen mit ihrer schroffen, kantigen Textur bilden.

Steine in japanischen Gärten werden oft als »Gerüst« oder »Skelett« bezeichnet. Sie sind die stabile Basis, die dem Garten Ruhe und Ausstrahlung verleihen. Mancher Gartengestalter vergleicht Felsen gar mit Akupunkturnadeln. Während bei der Akupunktur die Körperenergie – das Qi – durch gezieltes Setzen der Nadeln angeregt werden soll, markieren die Felsen bestimmte energetische Punkte einer Landschaft. Erfahrene Steinsetzer können diese energetischen Stellen erspüren.

Wer das Glück hat, Findlinge und Felsen aus ihrer natürlichen Umgebung in den heimischen Garten transportieren zu dürfen, sollte darauf achten, sie dort wieder so aufzustellen, wie sie ursprünglich gestanden haben.

Steine aus der Region sind importierten Steinen vorzuziehen – nicht nur aus ökologischen Gründen. Da es sich nicht um einige Quadratmeter Pflaster, sondern um schwere Felsen handelt, steigen die Transportkosten für die Steine schnell in enorme Höhen.

Verschiedene Gesteine je nach Verwendungszweck

Nicht jedes Gestein lässt sich für jeden Zweck einsetzen. Natursteine sind verschieden hart und fest, was ihre Verwendbarkeit einschränkt. So sind beispielsweise manche Weichgesteine wie Sandsteine oder Schiefer nur bedingt geeignet, wenn sie im oder am Wasser verbaut werden sollen. Hier sollte auf Hartgesteine wie Granit, Basalt oder Gneis zurückgegriffen werden. Die Faustregel für die Auswahl lautet: je härter das Material, desto vielseitiger ist es einsetzbar. Man sollte zudem vermeiden, mehrere Gesteinsarten zu mischen. Eine oder höchstens zwei verschiedene, sorgfältig ausgewählte Gesteinsarten lassen die künstlich angelegte Landschaft wirken, als sei sie immer schon da gewesen.

Auch bei der Steinsetzung setzen Gestalter das Spiel mit der optischen Täuschung ein. Ein bis zwei große Steine geschickt platziert – schon wirkt ein kleiner Garten größer. Das gleiche Prinzip wird angewandt, wenn ein Stein größer aussehen soll, als er ist.

WIR SIND BLÜTEN,

INMITTEN EINES ERBLÜHENDEN UNIVERSUMS.

Soen Nakagawa

BRINGT ES MIR WAS? ODER BRINGT ES MIR NICHTS?

LASS AB VON DIESER GEISTESHALTUNG UND SITZ EINFACH.

Kodo Sawaki

Um ein harmonisches Bild zu erreichen, sollte man darauf achten, welche Steinformen in der Region vorhanden sind. In der Alpenregion wirken Kiesel eher fehl am Platz, während im Norden Deutschlands ein spitzer, allzu kantiger Fels schnell wie ein Fremdkörper aussehen kann. Entlang einem Bachlauf oder einem Teich wiederum haben abgerundete Steine unabhängig von der umgebenden Landschaft ihre Berechtigung.

Steine und Steingruppen gekonnt platzieren

Auch wenn das Setzen der Steine Gefühlssache ist, gibt es einige Gesetzmäßigkeiten. Dazu gehört, Symmetrie zu vermeiden. Die Natur in ihrer harmonischen Asymmetrie steht in wohltuendem Gegensatz zur geradlinigen Architektur von Bauwerken. Daher werden in japanischen Gärten große Steine mit kleinen, horizontale mit vertikalen, flache mit rundlichen Steinen kombiniert.

Steingruppen in japanischen Gärten bestehen immer aus einer ungeraden Zahl an Elementen. Hier wird Symmetrie ebenfalls als unpassend betrachtet. Der Trockenlandschaftsgarten des Zen-Klosters *Ryoan-ji* in Kyoto ist berühmt für seine Steinformationen, bei der 15 Felsen in Gruppierungen von 7, 5 und 3 gesetzt wurden. Aus keinem der möglichen Blickwinkel sind alle 15 Steine gleichzeitig zu sehen. In vielen Religionen und Kulturen spielen ungerade Zahlen eine Rolle. So steht beispielsweise die Drei im Christentum für Gott, Jesus und den Heiligen Geist, während sie im Buddhismus die sogenannten »drei Juwelen« symbolisiert: Buddha als Lehrer, Dharma als Lehre und Sangha als Gemeinschaft.

Die Dreiergruppe ist eine beliebte Felsformation in japanischen Gärten und Grundlage für alle Arrangements. Mittelpunkt ist dabei ein großer Hauptstein, der von zwei kleineren Helfersteinen flankiert wird. Die drei Elemente bilden die so genannte Hauptsteingruppe. Verbindet man sie mit fiktiven Linien, entsteht idealerweise ein ungleichseitiges Dreieck. Werden mehr als drei Steine verlegt, sollten diese in Gruppen aufgeteilt werden. Innerhalb der Gruppen, aber auch zwischen den Gruppen sollten die gedachten Linien wiederum immer wieder ungleichseitige Dreiecke ergeben. Die Anordnungen aus Haupt- und Helfersteinen erhalten mit kleineren, ergänzenden Steinen eine natürliche Ausstrahlung.

OBEN

Das Ufer des Teichs wird von großen Felsen gesäumt. Im Herbst spiegelt sich das leuchtende Rot des Ahorns und das Gelb der umgebenden Laubbäume in der Wasseroberfläche.

OBEN

Japanische Gärten sind selten eben. Wo keine Hügel sind, wird das Gelände hügelig modelliert. Trittsteine führen als Treppen nach oben.

Damit Felsen Jahrhunderte überdauern, benötigen sie eine stabile Basis. Ein Stein, der am Fuss schmaler ist als am Kopf, wird nicht lange stehen bleiben. Eine weitere Regel beim Steinsetzen lautet daher, die Findlinge so tief wie nötig ins Erdreich einzugraben. Dass ein Drittel des Felsens oder mehr in der Erde steckt, ist bei hohen, vertikalen Steinen keine Seltenheit. Bei großen Findlingen empfiehlt sich ein Fundament, damit sie nicht absinken.

Je größer der Stein, desto schwieriger und aufwändiger wird es, ihn zu setzen. Mit der Schubkarre oder Sackkarre lassen sich maximal 150 kg transportieren. Etwa eine Tonne darf ein Stein wiegen, wenn kleinere Maschinen wie Minibagger oder kompakte Radlader zur Verfügung stehen. Große Geräte schaffen etwas mehr als das Doppelte. Ab zweieinhalb Tonnen lassen sich Steine fast nur noch mit einem Kran setzen. Im Privatgarten bestimmt daher manchmal auch der Preis der Maschinenstunde, wie lange eine Steinsetzung dauern darf.

Felsen in den Japangärten sollen möglichst natürlich aussehen. Einem bemoosten Stein, an dem bereits Spuren der Verwitterung zu sehen sind, wird auf jeden Fall der Vorzug gegeben vor einem makellosen, ja womöglich sogar von Menschenhand behauenen Stein. Wenn ein Gestein geädert ist, sollten die Linien bei allen gesetzten Felsen in die gleiche Richtung verlaufen. Die Kunst der Beschränkung ist nicht nur bei der Wahl der Gesteinsarten, sondern auch bei Farben und Strukturen sinnvoll. So gibt es Granite beispielsweise in grauen, roten

DER GROSSE WEG IST SEHR EINFACH,

　　　　　ABER DIE MENSCHEN LIEBEN DIE UMWEGE.

Laotse

OBEN UND RECHTS

Eine Insel mitten im Teich, mit Steinen und Pflanzen sorgfältig und liebevoll gestaltet. Möglicherweise wählen Götter, die hier vorbeikommen, diese kleine Landschaft im Wasser ja als Wohnort aus (oben)? Unterbrechen Hindernisse wie ein tiefer gelegener Bach den Wegeverlauf aus Trittsteinen und Stufen, so sind Brücken aus Holz oft das Mittel der Wahl.

und gelblichen Farbtönen. Eine derart bunte Pracht lässt den Garten schnell überfrachtet aussehen.

Steine als Wegbelag

In Japan werden Steine nicht nur zum Modellieren der Landschaft, sondern auch als Wegebelag verwendet. Die Art der Wegeführung und das Material bestimmen darüber, wie viel Aufmerksamkeit man seiner Umgebung während des Gehens widmen kann. Neben Pfaden aus Rindenmulch oder Kies gibt es Wege, die mit Natursteinen oder auch Betonplatten gepflastert sind. Bei der Gestaltung lassen sich alle Belagsvarianten realisieren – angefangen von einfachen Trittplatten aus Naturstein bis zu aufwändigen Verlegemustern.

In Bachläufen oder Teichen sind Trittsteine eine Alternative zu Brücken, um das Wasser trockenen Fußes zu überqueren. Diese Steine werden in Japan *sawatobi-ishi* genannt. Dabei handelt es sich meist um flache Steine, aber auch Mühlsteine oder Teile von Brückenpfosten werden für die ebenso nützlichen wie dekorativen Wege über das Wasser verwendet. In den Trockenlandschaftsgärten führen die *sawatobi-ishi* durch ein Meer aus Kies, der das Wasser symbolisiert.

Natürlich wird Stein auch für den Brückenbau verwendet. Wo Wert darauf gelegt wird, möglichst wenig Material zu bearbeiten, erfüllen große, flache Steine diesen Zweck. Nicht immer führen diese massiven Steinbrücken tatsächlich über Gewässer. Auch in der Landschaft können sie Verbindungen zwischen verschiedenen Orten schaffen. Oft werden an den Endpunkten der kompakten Quader vertikale Felsen als optische Gegengewichte gesetzt.

Wasser lässt sich mithilfe von Steinen nicht nur überqueren, sondern auch lenken. Felsen sind bei der Gestaltung von Wasserfällen ein unverzichtbares Hilfsmittel. Je nach Anordnung stürzt Wasser rauschend in die Tiefe, bricht sich an Felsvorsprüngen oder plätschert sanft darüber hinweg, fließt links und rechts an Steinen vorbei, um sich schließlich wieder zu einem Bach oder Teich zu vereinen. Dieser Eindruck von wildem oder sanftem Wasser wird in den Trockenlandschaftsgärten alleine durch die Anordnung der Felsen hervorgerufen.

Was das Setzen der Steine in japanischen Gärten so schwierig macht, sind die vielen unterschiedlichen Aspekte, die ein Gestalter gleichzeitig beachten muss. Er muss den Stein als Einzelwesen erkennen, aber auch erahnen, wie er eingebunden in eine Felsgruppe oder als Bestandteil eines Wasserfalls wirkt. Mit Sträuchern in unmittelbarer Nachbarschaft oder sanft von Blättern umspielt, wird ein Fels eine andere Ausstrahlung haben als eingebettet in Moos oder inmitten niedriger Bodendecker.

Kein Wunder, dass es Jahre dauert, um diese Kunst zu erlernen. Voraussetzung ist vor allem ein ruhiger Geist. Einen Garten, der Ruhe ausstrahlt, hat immer ein Gärtner gestaltet, der ebenfalls in sich ruht.

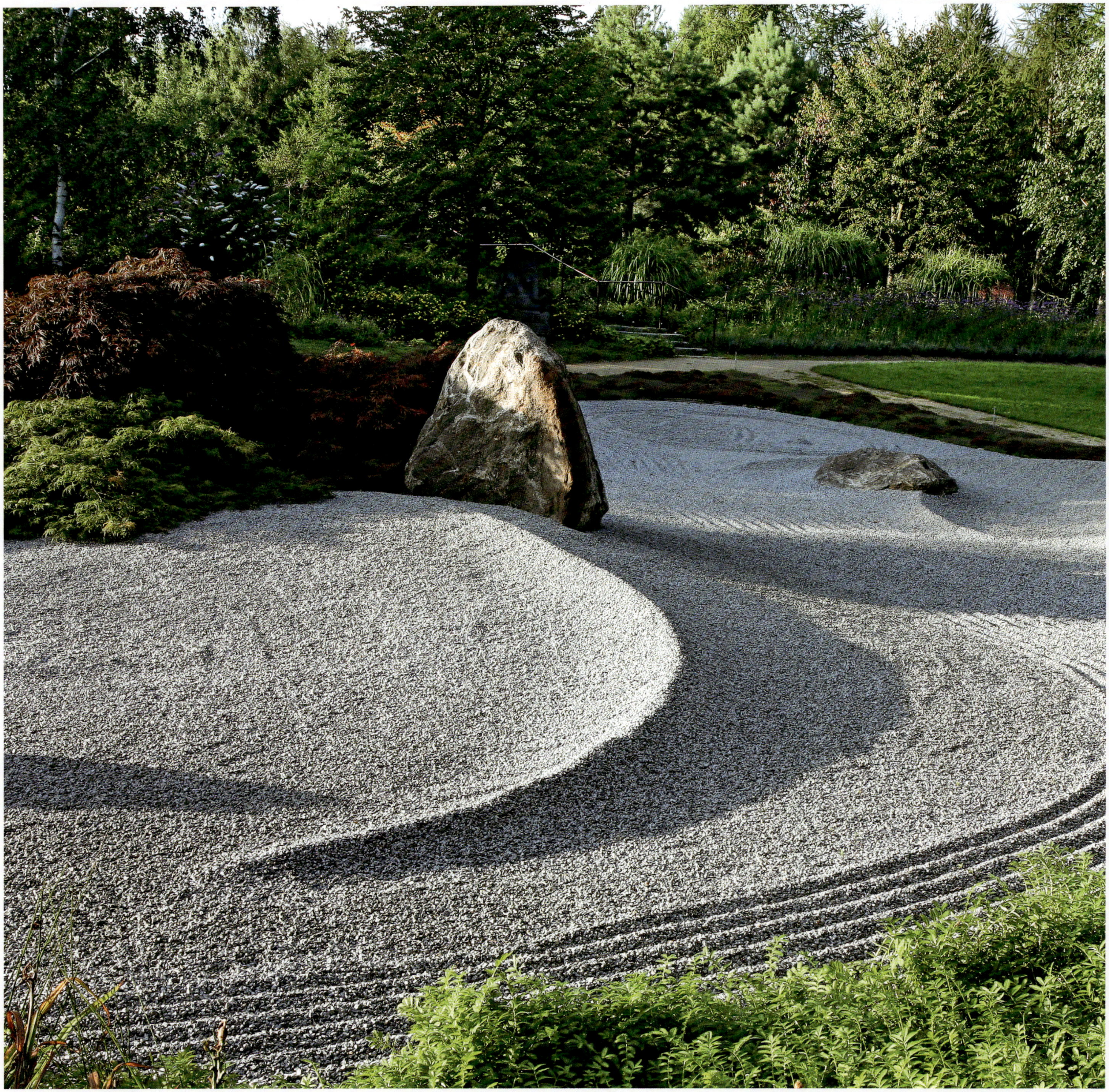

ZEN IST DAS VERTRAUT WERDEN MIT DIR SELBST.
 DU MACHST DICH SELBST DURCH DICH SELBST ZU DIR SELBST.
DAS WIRD EIN BUDDHA GENANNT:
 EINER, DER VOLLKOMMEN ZU SICH SELBST GEWORDEN IST.

Kodo Sawaki

Mit kompetenter Beratung zum Gartentraum

GESTALTER JETHRO MACHACEK HAT ES SICH ZUR
AUFGABE GEMACHT, FÜR JEDEN KUNDEN
DAS INDIVIDUELLE GARTENDESIGN ZU FINDEN.

禅

RECHTS
Üppiges Grün ist eine natürliche Grenze zum Nachbargrundstück. Bambus wird in japanischen Gärten nicht so häufig verwendet wie vermutet. Im Hintergrund, als lebendige, rauschende Wand, wird die immergrüne Pflanze jedoch gerne eingesetzt.

Ob in Griechenland oder Deutschland, ob hinter dem Haus oder entlang einer Garageneinfahrt – Jethro Machacek verwandelt jede Situation in eine Gartenanlage, bei deren Anblick sich der Betrachter nach Japan versetzt fühlt. Machacek, der seine Berufslaufbahn im Pflanzenverkauf begann, lernte während seiner Tätigkeit als Vorarbeiter japanische Gärten kennen und lieben. »Ich habe mir jede Menge Bücher bestellt und mich eingelesen«, erzählt er. Was ihn faszinierte, war der Umgang mit Steinen, den die Japaner meisterlich beherrschen.

Als Machacek schließlich seine eigene Garten- und Landschaftsbaufirma eröffnete, spielten Steine auch dort eine wesentliche Rolle. Felsen überdauern Jahrtausende, trotzen Wind und Wetter. Mit dieser Beständigkeit geben sie den Menschen Sicherheit. Jeder Bergsteiger weiß, wie klein die eigenen Sorgen werden, wenn man auf dem Gipfel angekommen ist und den festen Fels unter sich spürt. Der Gartengestalter erinnert sich, wie er sich für die Granitfelsen auf dem Waldstein begeisterte, einem Berg im Fichtelgebirge. »Dort habe ich mich in die Findlinge geradezu verliebt.«

Was lag näher, als sich mit dem Unternehmen »naturform« auf eine Art der Gartengestaltung zu spezialisieren, in der Steine das Gerüst des Gartens darstellen? »Wenn die Steine gesetzt sind, fügt sich der Rest«, beschreibt Machacek die Besonderheit japanischer Gärten. Ganz so einfach, wie es sich in der Theorie anhört, ist das in der Praxis jedoch nicht. Bis der richtige Platz für einen bestimmten Stein gefunden ist, kann doch einige Zeit vergehen. Da wird gedreht und gewendet, bis es harmonisch wirkt. »Es kommt auch vor, dass man über Stunden Felsen gesetzt hat und dann alles wieder über den Haufen wirft«, sagt der Gartengestalter.

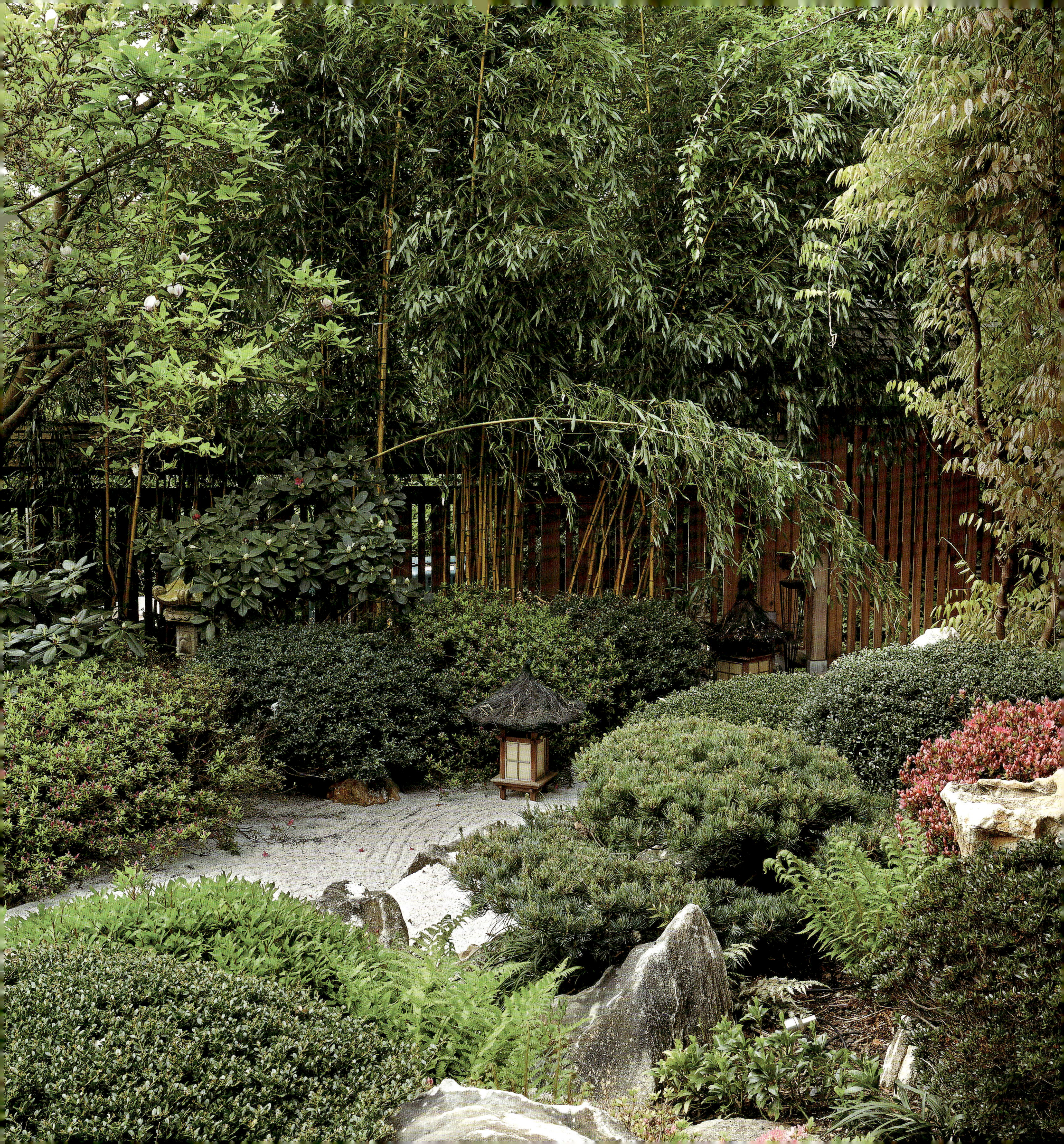

OBEN

Wenn es dämmert, setzt die Beleuchtung im Garten gezielt Akzente. Von unten angestrahlt, wirkt die Brücke dann ganz geheimnisvoll. Bestimmte Pflanzen wie der Gartenbonsai links oder der Farn im Vordergrund werden zu bizzarren, magischen Gestalten.

OBEN RECHTS

Verborgene Quelle: Über dem Wasserfall, verdeckt vom Ahorn, befindet sich ein Quelltopf, aus dem das Wasser heraussprudelt, bevor es über den Felsen in den Teich fließt.

UNTEN RECHTS

Das satte, kräftige Grün von kugelförmig geschnittenen Azaleen und Ilex lässt den weißen Marmorsplitt strahlen. Rechts vor der Terrassensäule rankt eine Glyzinie nach oben, die alljährlich ein blaues Blütendach bildet.

禅

OBEN UND RECHTS
In japanischen Gärten sind Zäune nicht nur Sichtschutz, sondern trennen auch einzelne Bereiche voneinander ab. Wenn der Abend dämmert, wird der Teich von Dieter Horcher in sanftes Licht getaucht. Die Kois fühlen sich sichtlich wohl in ihrem eigens für sie gestalteten »Wohnzimmer«.

Dass das Steinesetzen keine Fließbandarbeit, sondern Kunst ist, leuchtete Dieter Horcher sofort ein. Familie Horcher wünschte sich schon lange einen japanischen Garten, hatte jedoch bisher niemanden gefunden, der sie auf dem Weg dorthin kompetent beraten und begleiten konnte.

Der Plan als Basis

Jethro Machacek fertigte einen Plan an. Die 150 Quadratmeter große Außenanlage sollte sich in eine japanischen Teichgarten verwandeln. »Man hört oft, dass japanische Gärten sich entwickeln und nicht geplant werden können. Für Gartenbesitzer ist es jedoch ganz wichtig, eine Vorstellung vom Ergebnis zu bekommen. Deshalb kann man auf einen Plan nicht verzichten, auch wenn darin noch nicht jeder Felsen an seinem endgültigen Platz ist.«

Ein wesentlicher Aspekt der Gartengestaltung in Japan ist die Harmonie zwischen Haus und Garten. Während man in Deutschland dem Haus einen höherer Stellenwert beimisst und es daher zuerst errichtet wird, beginnt für die Japaner die Bebauung eines Grundstücks nicht selten mit der Außenanlage. »Felsen werden sozusagen ins Wohnzimmer gesetzt. In Japan sind Räume, die sich dem Garten öffnen, förmlich mit den Außenanlagen verwachsen«, sagt Machacek.

So verbindet bei Familie Horcher ein weißer, geharkter Kiesweg mit Trittplatten das weiße Haus mit dem Teich an der anderen Seite des Gartens. Üppige Hügel aus Azaleen und Buchs schaffen weiche Übergänge. Am Teichufer sorgen Ahorne und Kiefern für abwechslungsreiche Strukturen und Höhen. Über eine Brücke gelangt man an der schmalsten Stelle des Teiches von einer Seite zur anderen. Wie in kleineren japanischen Privatgärten üblich besteht die Brücke aus einem einzigen, flachen Findling. Am Brückenende sorgen unterschiedlich hohe Felsen für Akzente.

Wenn es um die Auswahl der Steine geht, nimmt Jethro Machacek die Gartenbesitzer gerne mit in den Steinbruch. »Die Steine sind die Essenz des Gartens. Wenn man sie sieht, verliebt man sich in sie. Wer sieht, wo die Felsen herkommen, weiß auch deren Wert ganz anders zu schätzen.« Dieter Horcher suchte mit seiner Familie nicht nur die schönsten Steine persönlich aus, er half auch beim Steinsetzen. »Hier hat Dieter Horcher ein sehr feines Gespür bewiesen«, lobt Machacek.

Auch um die Pflege kümmert sich der Gartenbesitzer selbst. »Wir stehen ihm mit unserer Fachkenntnis dort zur Seite, wo es notwendig ist«, sagt Jethro Machacek. Dass diese Arbeitsteilung gut funktioniert, ist ganz wesentlich dem individuell auf die Bedürfnisse der Familie zugeschnittenen Japangarten zu verdanken.

禅

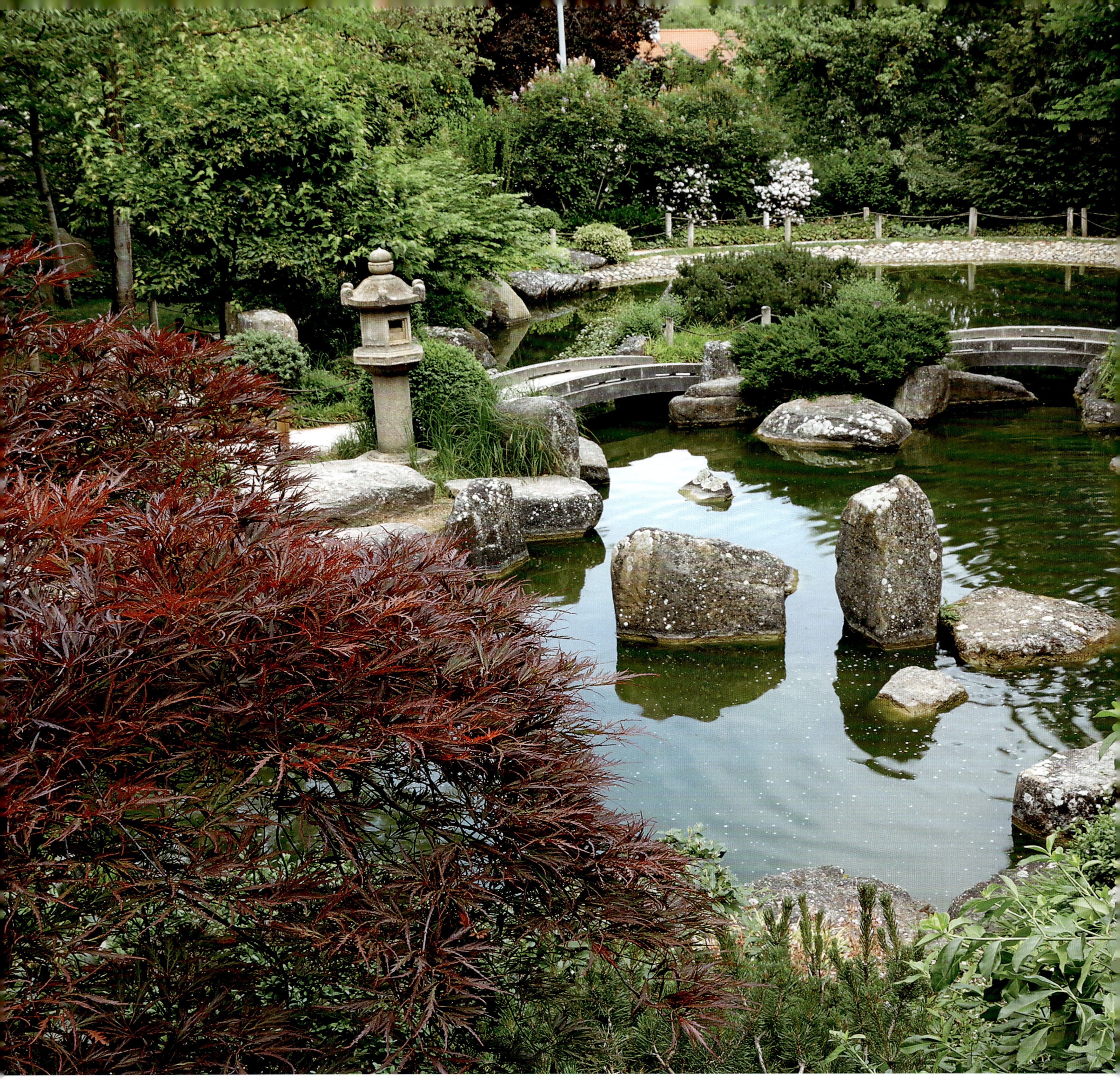

Leben mit und am Wasser

EINE PLÄTSCHERNDE QUELLE, EIN RAUSCHENDER BACH, DIE SPIEGELNDE OBERFLÄCHE EINES TEICHES: WASSER LÄSST SICH MIT ALLEN SINNEN ERLEBEN.

Wasser – ein faszinierendes und beruhigendes Element

OBEN UND RECHTS

Senkrechte Felsen am Ende des Weges bilden einen harmonischen Kontrast zur schlichten, waagrechten Brücke, die aus einer Granitplatte besteht. Häufig stehen Steinlaternen an den Teichufern. Das Original der Laterne *Sosenji Gata Doro* (rechts) geht auf eine Steinlaterne aus dem 14. Jahrhundert zurück.

Ohne Wasser kann weder Mensch noch Tier und Pflanze existieren. Das mag die enge Verbundenheit erklären, die Menschen von jeher zu diesem Element haben. Die Welt wurde im Wasser geboren. So zumindest weiß es die japanische Mythologie zu berichten. Schöpfer sind der japanische Urgott *Izanagi* und seine Frau und Schwester Izanami, die auf der Himmelsbrücke standen und in ein tosendes Chaos, einen Ur-Ozean blickten. In ihn tauchten sie eine Juwelenlanze hinein. Als sie sie wieder herauszogen, fielen Salztropfen von der Spitze herab und bildeten die erste Insel.

In früheren Zeiten galt Wasser im Garten als ein Zeichen von Reichtum. Während der Heian-Zeit, die auf 794 bis 1185 datiert wird, errichteten Adelige in Japan immer größere Wassergärten. Es waren Wasserlandschaften, die erst vom Boot aus betrachtet ihre ganze Pracht entfalteten. Diese Gärten hatten ihren Ursprung

Die Faszination der Wasserfälle

in China, wo die Art ihrer Gestaltung eng mit dem Mythos der »Insel der Unsterblichen« zusammenhing. Im Laufe der nächsten beiden Jahrhunderte wurden die Teiche in japanischen Gärten kleiner. Man durchwanderte die Gartenanlage, statt sie vom Boot aus zu betrachten.

Bis heute sind japanische Gärten ohne Wasser unvollständig. Kein Garten ist zu klein, um nicht einen Teich, einen Wasserfall oder eine Quelle darin unterzubringen. Wo reales Wasser fehlt, findet es sich in anderer Form wieder: als Trockenwasserfall *(kare-taki)*, als trockener Bachlauf oder als Kiesfläche, die einen See oder gar das Meer symbolisiert. Noch deutlicher wird dieser Zusammenhang, wenn in die Kiesfläche mit einem Rechen wellenförmige Linien geharkt werden.

Wasserfälle gehören zu den faszinierendsten Naturerscheinungen. Wenn ein zunächst ruhiger Strom plötzlich tosend in die Tiefe stürzt, wenn sich Wasser einen Weg über Felsen und Steine vom Berg hinab ins Tal bahnt, wird die ganze Energie und Kraft des Elementes spürbar. Wasserfälle in japanischen Gärten sind meist weniger spektakulär, sollen den Betrachter jedoch ebenfalls Kraft tanken lassen. Wie besonders auffällige Steine oder alte Bäume können Wasserfälle sogar Wohnstätten von Göttern sein.

Im *Sakuteiki*, dem ältesten bekannten Handbuch der Gartengestaltung, spielt Wasser die wichtigste Rolle.

DIE GRÖSSTE OFFENBARUNG IST DIE STILLE.

Laotse

Das *Sakuteiki* wurde in der Heian-Zeit, wahrscheinlich in der zweiten Hälfte des 11. Jahrhunderts, verfasst. Darin werden 17 Arten von Wasserflächen und acht verschiedene Gestaltungsstile für Wasserfälle beschrieben. Ebenso finden sich in dem Buch Hinweise zur Anlage von Bächen.

Die Natur verehren

Bei der Gestaltung von Wasserfällen in japanischen Gärten hat sich Naturverehrung mit chinesischen Legenden vermischt. So gibt es beispielsweise den Drachentor-Wasserfall. Einst soll ein alter Karpfen flussaufwärts zu einem See geschwommen sein. Er musste auf dem Weg dorthin nicht nur gegen die starke Strömung ankämpfen, sonden auch noch etliche Hindernisse überwinden. Kurz bevor er den See erreichte, versperrte ein Stein seinen Weg. Der alte Karpfen sammelte seine gesamte Kraft und setzte mit einem beherzten Sprung über den Stein hinweg. Noch in der Luft verwandelte er sich in einen Drachen – ein Tier, das in Asien Macht, Stärke und göttlichen Schutz symbolisiert. Der Karpfen steht seither für Erfolg. Die Legende vom Karpfen, der zum Drachen wurde, wird beim Bau von Wasserfällen im japanischen Garten oft mit einem sogenannten Karpfenstein symbolisiert. Dieser wird am Fuss des Wasserfalls so platziert, dass sich das herunterstürzende Wasser an ihm bricht.

Wasser kann auf unterschiedlichste Arten einen Wasserfall hinabfließen. Da gibt es den Strahl oder den Wasservorhang, der ohne Unterbrechung von oben nach unten fällt. Oft muss Wasser jedoch Stufen überwinden, platscht auf Steine, trennt sich in mehrere Strahlen, um wieder zusammenzufließen und sich am nächsten Felsvorsprung erneut zu trennen. Die Kaskaden können steil nach unten oder in sanften Stufen verlaufen. Die mögliche Gestaltung eines Wasserfalls hängt letztlich vom Platz ab, der in einem Garten vorhanden ist.

Wasserfälle stehen nicht einfach für sich alleine, sondern speisen in der Regel ein Gewässer, zum Beispiel einen Bach. Dessen Ausgestaltung hängt vom Gelände ab. Bei geringem oder gar keinem Gefälle dient der mäandernde Wiesenbach als natürliches Vorbild. Er verengt und erweitert sich, ist mal tiefer und mal flacher, mal breiter, mal schmaler. Das Wasser, das hier eher ruhig

OBEN

Waren früher Teiche beliebt, die man mit dem Boot befuhr, so setzten sich in japanischen Gärten später Wasserlandschaften durch, die zu Fuß umwandelt werden können und immer wieder neue Perspektiven bieten.

UNTEN
Die Ufergestaltung der Teiche sollte die natürliche Landschaft der Region berücksichtigen. Während man im Süden Deutschlands eher kantige Felsen verwendet, harmonieren Richtung Norden besser rundere und flachere Formen – passend zur Umgebung.

fließt, wird damit in Bewegung gehalten. Ist Gefälle vorhanden, muss die Fließgeschwindigkeit eher verlangsamt werden. Breitere, tiefere Bereiche dienen hier als Staustufen, in denen sich das Wasser sammelt, bevor es – machmal auch in Form kleiner Wasserfälle – weiterfließt. Die Faustregel für Bachläufe lautet: je schmaler das Bachbett, desto schneller bewegt sich das Wasser.

Teichgestaltung im Japangarten

Ein Teich ist das Schmuckstück jeden Gartens – das gilt in Europa ebenso wie in Asien. In der Wasseroberfläche spiegeln sich Uferpflanzen und Wolken und verbinden so Himmel und Erde. Der richtige Standort für einen Teich ist weder in der prallen Sonne noch unter stark belaubten Bäumen. Mehr als vier bis sechs Stunden sollte der Teich nicht der direkten Sonne ausgesetzt sein, da sonst das Algenwachstum zu stark begünstigt wird. Herabfallendes Laub beeinträchtigt ebenfalls die Wasserqualität und stellt eine Belastung für die Wasserpflanzen und Tiere dar. Im Herbst muss viel Zeit aufgewendet werden, um die Wasseroberfläche vom Laub zu befreien. Ideal ist daher ein halbschattiger Platz mit möglichst wenigen Gehölzen in der direkten Umgebung. Gewässer sind komplexe Systeme. Sauerstoffgehalt, pH-Wert und Temperatur sind sensible Faktoren. Planung und Bau müssen daher sorgfältig erfolgen.

DER WEG BILDET SICH DADURCH,
DASS ER BEGANGEN WIRD.

Zhuangzi

OBEN UND RECHTS
Wasserfälle können eine oder mehrere Stufen haben, sich mehrere Meter in die Tiefe stürzen (oben) oder sich über Steine und durch Becken den Weg nach unten suchen. Je nach Gestaltung wirkt der Ort ungezähmt und wild oder lieblich und sanft.

Teiche in japanischen Gärten sind nie geradlinig, sondern immer natürlich geformt. Vor allem der Uferlinie des Teiches sollte besondere Aufmerksamkeit gewidmet werden. Je mehr Buchten und Landzungen sie umschreiben soll, desto aufwändiger ist die Anlage. Um die Proportionen zu wahren, sind die Teiche vorne, also dort, wo der Betrachter ihnen am nächsten ist, meist breiter als hinten. Große Teiche haben oft eine oder mehrere Inseln, die über eine Brücke erreicht werden können. Prächtig bepflanzt, symbolisieren diese Inseln die »Inseln der Unsterblichen«. Dieses immer wiederkehrende Motiv in der japanischen Gartengestaltung findet sich auch in den Schildkröten- oder Kranichinseln wieder. Sie haben ihren Namen von ihrer charakteristischen Form. Bei der Schildkröteninsel bilden die verwendeten Steine Körper, Kopf, Beine und Schwanz, beim Kranich den Körper und die Flügel.

Bei kleinen Teichen sollte man auf derartige Spielereien verzichten, um sie nicht zu überfrachten. Wer trotzdem über das Wasser wandeln möchte, sollte es mit Trittsteinen versuchen. Sie lassen sich bei flachen Teichen mit wenig Aufwand einsetzen, bei tiefen Teichen werden die Konstruktionen teuer und kompliziert.

Für Liebhaber: Koi-Teiche

Echte Japangartenliebhaber werden auf Kois nicht verzichten wollen. Die Brokatkarpfen *(nishikigoi)*, wie sie richtig heißen, wurden im Laufe des 19. Jahrhunderts in Japan zum Statussymbol der Adligen. Kois werden bis zu 60 Jahre alt und von vielen Haltern eher als Familienmitglieder denn als Zierfische betrachtet.

Kein Wunder, denn sie werden mit der Zeit sehr zutraulich und lassen sich sogar streicheln. Seltene Zuchtformen und Farbvarianten können schnell ein Vermögen kosten. Wer Kois im Teich halten möchte, muss jedem Tier etwa zwei bis drei m² Platz zur Verfügung stellen. Das Gewässer muss mindestens 1,30 m tief sein, damit die Kois den Winter gut überstehen. Außerdem muss unbedingt auf eine leistungsstarke Filteranlage geachtet werden, die das Wasser gut reinigt. Steine unter der Wasseroberfläche sollten keine spitzen Kanten haben, an denen sich die Tiere verletzen können.

Wer den Kois dabei zusieht, wie sie majestätisch ihre Bahnen ziehen, vergisst schnell den Alltagsstress. Faszinierend sind die interessanten Muster, die kräftigen Farben und das elegante Dahingleiten der Könige des Gartenteiches.

Damit sie gesund bleiben, benötigen sie viel Aufmerksamkeit und die richtige Pflege. Kois brauchen relativ viel Futter, um zu wachsen, haben allerdings einen kleinen Magen, der keine großen Mengen verträgt. Daher sollten sie statt einer einzigen großen Portion besser zwei kleinere Futterrationen täglich bekommen. Übrigens mögen Kois auch Leckerbissen, die uns Menschen schmecken, beispielsweise Kohl, Wassermelonen, Garnelen und Krabben.

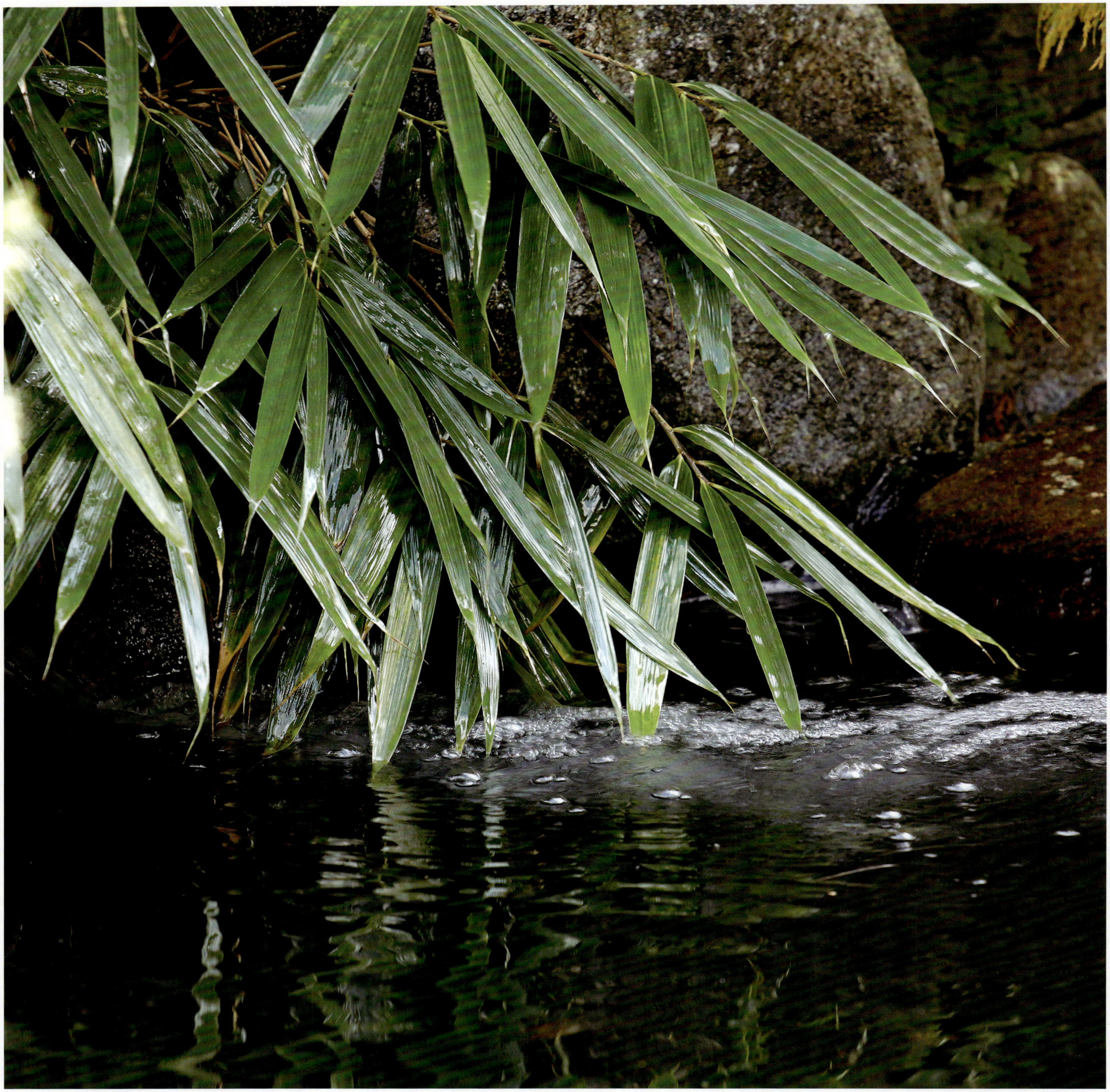

WILLST DU WISSEN, WAS WASSER IST?

        TRINKE ES ODER SPRING HINEIN.

DAS IST DER WEG DES ZEN.

Zensho W. Kopp

Garten der Glückseligkeit

IN JAPANISCHEN GÄRTEN WIE IN BAD LANGENSALZA

BESTEHT DIE KUNST DARIN, SICH AUF DAS WESENTLICHE

ZU REDUZIEREN UND DENNOCH ÜPPIGE FÜLLE ZU SCHAFFEN

禅

RECHTS
Wer durch dieses Tor tritt, kommt in eine eigene Gartenwelt, die von einer Atmosphäre der Stille geprägt ist. Gleich am Eingang wird man von Big Bonsai-Kiefern begrüßt.

Wer in Bad Langensalza den japanischen Garten betritt, taucht ein in eine stille Welt. Im »Garten der Glückseligkeit« gibt es nichts Lautes und Schrilles, sondern eine sanft geschwungene, tiefgründige Landschaft.

Dass sie in ihrem Heimatort einmal eine japanische Gartenanlage planen würde, hätte Silke Haßkerl-Schilling nicht im Traum gedacht. »Ich studierte Landespflege und besuchte während eines Praktikums in den USA den japanischen Garten in Portland.« Der Garten berührte die damalige Studentin tief im Inneren und Silke Haßkerl-Schilling begann, sich intensiver mit der japanischen Gartenkultur zu beschäftigen. »Ich bin fasziniert von der tiefgründigen Harmonie der Einfachheit in der Gestaltung, die sich durch Steine über Jahrhunderte manifestiert. Es geht nicht darum, noch mehr Farben, Formen und Ideen zu verarbeiten, sondern zu überlegen, was ich noch weglassen kann, um damit eine innere Harmonie zu schaffen, die die Seele beruhigt.« Besonders in unserer schnelllebigen Zeit ist der Garten als Oase der Ruhe besonders wichtig.

Die Neugier und Wissbegierde von Silke Haßkerl-Schilling ließ sich mit Büchern allein nicht stillen, zumal die Literatur darüber Ende der 1990er-Jahre begrenzt war. Als in Bad Langensalza der Bau eines japanischen Gartens in der Stadtverwaltung diskutiert wurde, sah sie ihre Chance, sich detaillierter mit dem Thema zu befassen. Sie unterbreitete dem Bürgermeister ihre Ideen – und kam aus der Unterredung mit dem Thema für ihre Diplomarbeit heraus: der Entwurfsplanung für die japanische Gartenanlage. »Als das klar war, habe ich mich entschlossen, nach Japan zu reisen, um noch mehr über die japanische Gartengestaltung zu erfahren.« Sie besichtigte rund 70 Gärten – von großen Touristenattraktionen bis zu kleinen, unbekannten Klostergärten.

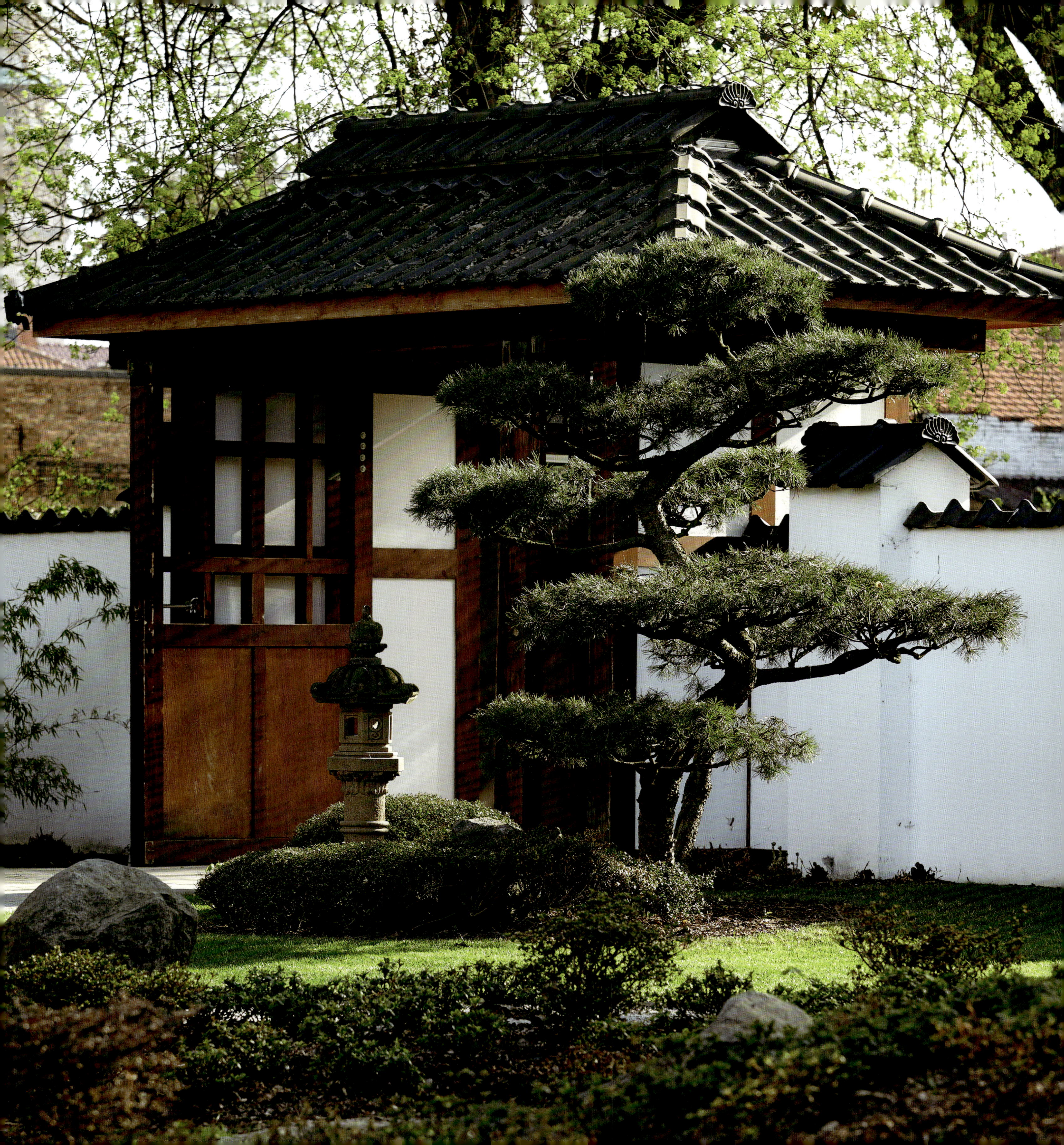

78

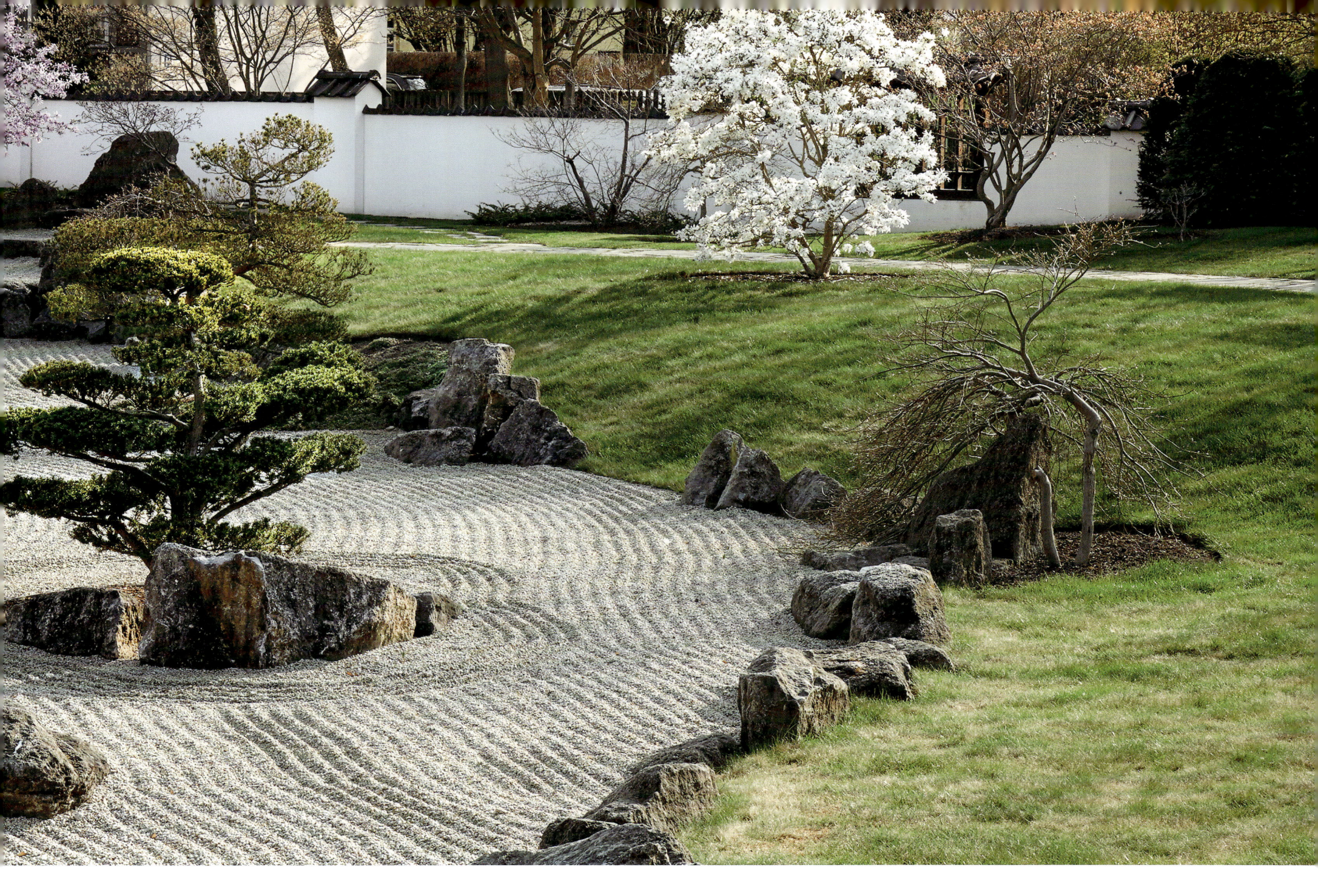

OBEN LINKS

Der Weg über die Trittsteine der Teichlandschaft führt die Besucher dicht am Wasserfall vorbei. Durch den angrenzenden Kirschgarten gelangt man schließlich zum »Pavillon des Teetrinkens«.

UNTEN LINKS

Eine andere Möglichkeit, die Teichlandschaft zu überqueren, ist die Rundbogenbrücke. Im Frühjahr übertreffen sich die Rhododendren an Blütenpracht.

OBEN

Eine Kranichinsel dominiert den Trockenlandschaftsgarten. Der Kranich wird mit einer Eibe symbolisiert, die als Gartenbonsai aus Japan importiert wurde.

禅

OBEN UND RECHTS

Die zickzackförmige Brücke über den Teich schützt vor Göttern mit bösen Absichten. Im Shintoismus können diese nur geradeaus laufen. Ein langes Leben hingegen symbolisiert die Schildkröte, die neben dem Kranich die zweite Insel der Trockenlandschaftsgärten ist.

Im Anschluss an die Diplomarbeit folgte für die Landschaftsarchitektin zunächst ein Job bei einer Gartenbaufirma, die sich auf den Bau hochwertiger Privatgärten und Parkanlagen spezialisiert hatte und vor allem für ihre Koiteiche bekannt war. Als das Projekt in Bad Langensalza konkret wurde, hatte Silke Haßkerl-Schilling bereits jede Menge Praxiserfahrung gesammelt.

2003 wurde der »Garten der Glückseligkeit« eröffnet, wie Haßkerl-Schilling ihn in Anlehnung an die chinesische Legende der »Insel der Glückseligen« nennt. Wer den Garten durch das Eingangstor betritt, blickt auf eine Teichlandschaft mit Irisgarten. Sanft geschwungene Wege führen um den Teich herum, dessen Ufer in der Nähe des Wasserfalls von Azaleen und Rhododendren gesäumt werden. Brücken und Trittsteine geleiten den Besucher trockenen Fußes über das Wasser. Auf der gegenüberliegenden Seite des Teiches befindet sich der Kirschgarten, der sich im Frühjahr in seiner ganzen Pracht zeigt. Seit vielen Jahren ist das Kirschblütenbetrachtungsfest *(Hanami)* im April auch ein fester Termin im Veranstaltungskalender der Kur- und Rosenstadt Bad Langensalza.

Wer den Weg über den See vorbei an den Kirschbäumen gewählt hat, wird anschließend zu einem Teepavillon geleitet. Gartenbesucher können dort japanischen Grüntee genießen oder gleich den Binnengarten bewundern. Dabei handelt es sich um einen winzigen Garten zwischen Tee- und Pflanzenpavillon. Dieser Gartentyp findet sich in Japan beispielsweise in Innenhöfen. Die geharkte Kiesfläche, in der sich kleine, moosumwachsene Felseninseln befinden, bereitet den Besucher auf den Trockenlandschaftsgarten vor. Dort nimmt eine große, geharkte Splittfläche die Wellenform des realen Teiches wieder auf. Die Wellen beginnen als Bachlauf und münden schließlich in das Meer der Trockenlandschaft.

Die 7000 Quadratmeter große Anlage in Bad Langensalza beherbergt unterschiedlichste Stile japanischer Gärten. »Besucher bekommen so einen Überblick über die japanische Gartengeschichte. Ich freue mich besonders, dass ich damit die japanische Kultur transportiere«, sagt Silke Haßkerl-Schilling, die sich mittlerweile nicht nur als Gestalterin japanischer Gärten in Thüringen, sondern auch als Fremdenführerin in Bad Langensalza einen Namen gemacht hat. Immer wieder begleitet sie Besuchergruppen durch den »Garten der Glückseligkeit«.

Eine Besonderheit sind die Feng-Shui-inspirierten Gartenspaziergänge, die Haßkerl-Schilling seit Kurzem anbietet. Zwar stammt die Lehre des Feng-Shui aus China, doch die Gesetzmäßigkeiten sind universell. »Jeder Garten, in dem sich Menschen aufgehoben und wohlfühlen, hat diese Harmonie der Farben, Formen und Materialien. Feng-Shui ist es schließlich nicht, weil es draufsteht, sondern weil es drin ist.«

禅

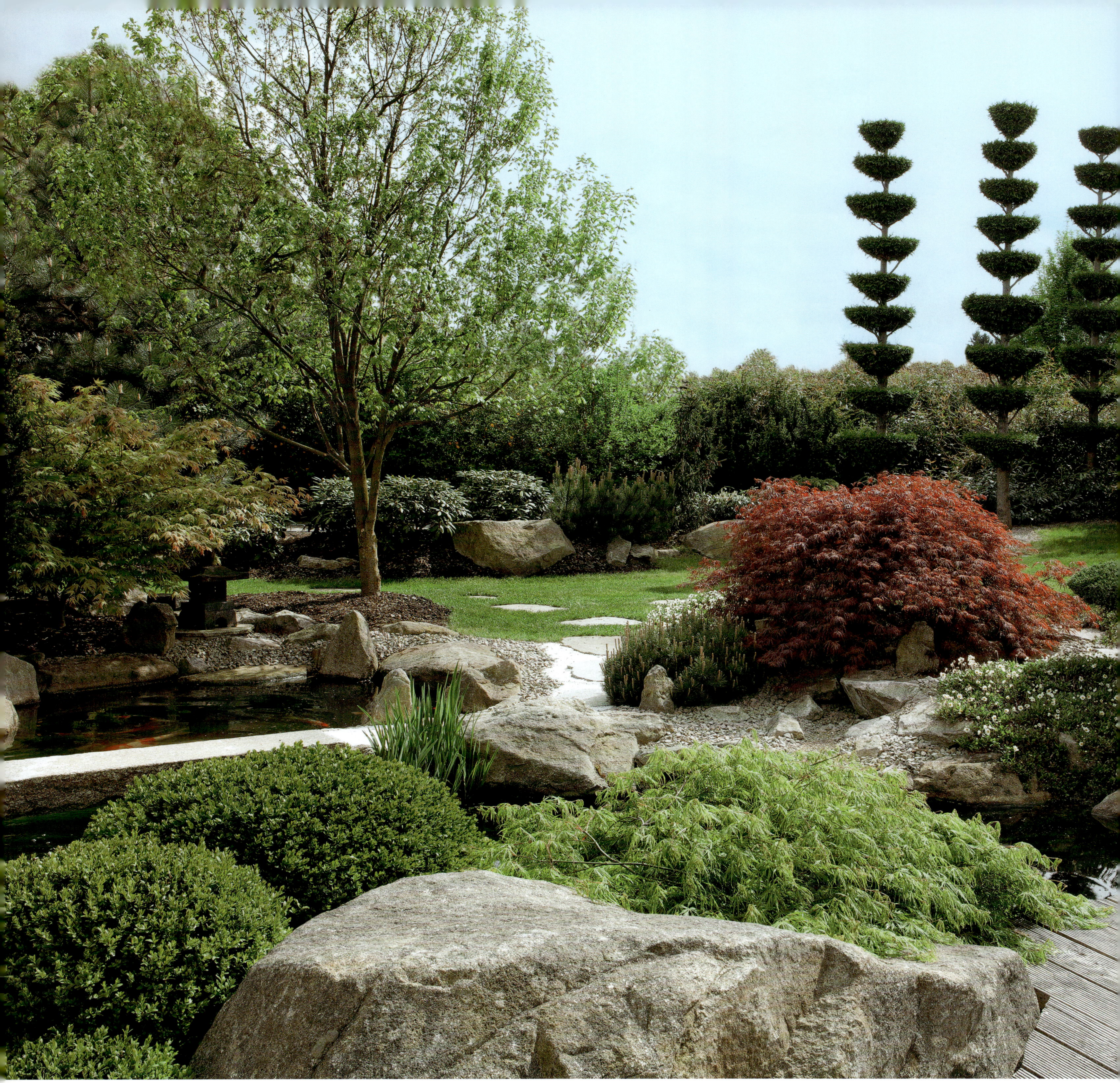

Pflanzen – geformte Vielfalt

MARKANTE BLÜHHÖHEPUNKTE, WECHSEL DER JAHRESZEITEN UND STRENGER FORMSCHNITT – PFLANZEN KOMMEN SEHR BEWUSST ZUM EINSATZ

Japanische Gärten – ein Symbol für das menschliche Leben

OBEN UND RECHTS
Blüten zeigen sich in japanischen Gärten nur selten und kurz, dann aber mit ganzer Pracht. Die Kirschblüte ist ein Höhepunkt im Frühjahr, gefolgt von der bunten Farbenvielfalt der Azaleen im Mai.

In japanischen Gärten findet man Grün in allen Schattierungen. Farbe ist vor allem dann gefragt, wenn es darum geht, den Höhepunkt einer Jahreszeit darzustellen.

Im Frühjahr dreht sich in Japan alles um die Kirschblüte. Nur etwa zehn Tage dauert das Spektakel bei den meisten Zierkirschsorten, danach übersäen die Blüten, die vorher die Umgebung in zartrosa und weiße Schleier getaucht haben, wie Schneeflocken den Boden. Wenn in einer Region die Kirschen blühen, feiern die Japaner *Hanami*. Ausgerüstet mit Speisen und Getränken ziehen dann Familien mit Freunden in die öffentlichen Parks.

Die Zierkirsche mit ihrer wunderbaren Blüte, die sich nur wenige Tage in voller Pracht zeigt, symbolisiert das Leben: schön und kurz. Gleichzeitig steht die Blütenfülle auch für weibliche Schönheit. So präsentiert sich beispielsweise *Prunus serrulata*, die Japanische Nelkenkirsche, im April/Mai mit zart- bis dunkelrosa Blütenpracht. Einige Sorten überraschen im Herbst ein zweites Mal mit ihrem rötlich gelben Laub. Etwas weniger Aufsehen erregt im Inselstaat und im japanischen Garten die Pflaumenblüte. Die Chinesische Pflaume *(Prunus salicina)* blüht zeitig im Frühjahr. Im Gegensatz zur Zierkirsche trägt die Pflaume auch Früchte.

Magnolien, Azaleen & Co.

Noch bevor sich bei der Magnolie das Laub entwickelt, brechen die sternförmigen Blüten im Frühjahr hervor. Die Magnolie ist in unseren Breitengraden einer der prachtvollsten Laubbäume. Das beeindruckende Meer aus weißen bis rosafarbenen Blüten ist wie die Kirschblüte allerdings nur von kurzer Dauer. Außerdem reagieren die zarten Blütenblätter recht empfindlich auf Spätfrost und werden dann unansehnlich braun. Arten wie die Sternmagnolie *(Magnolia stellata)* und die Großblütige Magnolie *(Magnolia grandiflora)* sind etwas weniger spätfrostgefährdet.

Gehölze sind in japanischen Gärten wichtige Elemente der Landschaftsgestaltung. Wenn im Frühjahr die Azaleen blühen, leuchtet es in den Gärten weiß und gelb, rosa und rot, orange und violett. Die Azaleen gehören zur gleichen Gattung wie die Rhododendren und bevorzugen saure Böden. Im Gegensatz zum Rhododendron wirft die typische Azalee jedoch im Winter ihr Laub ab.

UNTEN

Japanische Gärten sind zu jeder Jahreszeit schön. Kurz und prächtig blühen im Frühjahr die Magnolien. Im Sommer erfrischen die Grün- und Gelbtöne des Ahorns, die im Herbst ein Leuchtfeuer in Rottönen entzünden. Im Winter dominieren Strukturen, umhüllt von zarten Eiskristallen.

Azaleen werden nach der Blüte in der Regel in Form geschnitten. Dann entstehen daraus sanft gewellte Hügellandschaften oder kissenförmige Umrandungen für Gartenbonsai. Da Azaleen in unserem Klima nicht immer so üppig gedeihen wie in Japan, kann dort, wo die Blüte eine untergeordnete Rolle spielt, auch Buchs, Eibe oder Liguster als Ersatz verwendet werden.

Blütenpracht – eher dosiert

Im Sommer ist es in klassischen japanischen Gärten eher grün als bunt, da Blütenpflanzen eine untergeordnete Rolle spielen. Mittlerweile hält jedoch mehr und mehr englische und deutsche Gartenkultur mit Zwiebelblumen und Staudenpflanzungen Einzug.

Sommer und Wasser, das gehört untrennbar zusammen. Wen wundert es da, dass auch in eher puristischen Japangärten Japanische Sumpf-Schwertlilien *(Iris ensata)* die Ufer von Teichen und Bächen in tiefes Blauviolett tauchen? Da *Iris ensata* im Frühjahr und Sommer einen eher feuchten, im Herbst und Winter einen eher trockenen Standort verlangt und deshalb schwierig zu pflegen ist, kann man durchaus auf eine der zahllosen anderen Iris-Arten zurückgreifen, die sich in unseren Breiten bewährt haben.

Zur Sommerblüte tragen auch die Hortensien bei, die in Japan schon lange kultiviert werden. Hortensien ändern ihre Farbe je nach Bodenbeschaffenheit. Auf sauren Böden färben sie sich meist violett, mit steigendem pH-Wert gehen die Farbschattierungen zum Rosa, bis sie schließlich ein relativ kräftiges Rot erreichen. Für eine blaue Farbe muss der Boden bestimmte Aluminiumverbindungen enthalten, die man auch per Dünger zuführen kann. Hortensien gehören in jedem Fall zu den durstigen Sommer- und Herbstblühern, die sonnige bis halbschattige Standorte mögen.

Die Lotosblume entfaltet ihre ganz Pracht im Spätsommer. Diese Wasserpflanze hat im Buddhismus starke Symbolkraft und steht für die Reinheit des Geistes. Es existieren zwei Arten, die indische und die amerikanische Lotusblume, die beide in Europa schwer zu kultivieren sind. Wer blühende Teiche mag, kann alternativ Seerosen pflanzen.

WILLST DU DAS GLÜCK KENNEN LERNEN, WERDE SO STILL, DASS DU DAS SICH ÖFFNEN DER BLÜTE HÖRST.

Japanisches Sprichwort

WENN DER BLÜTENSCHIMMER DER KIRSCHBÄUME AUF DEN HÜGELN LÄNGER WÄHRTE,

ALS EIN PAAR TAGE, WIR WÜRDEN IHN SO INNIG NICHT LIEBEN.

Yamabe no Akahito

Leuchtende Farbenpracht im Herbst

Im Herbst präsentieren sich die sonst so grünen japanischen Gärten oftmals in leuchtendem Gelb, kräftigem Orange und schimmerndem Rot. Verantwortlich sind dafür in erster Line die verschiedenen Arten und Sorten japanischer Ahorne. *Acer japonicum*, der japanische Feuer-Ahorn, wird etwa drei bis fünf Meter hoch. *Acer palmatum*, der Fächer-Ahorn, erreicht bereits eine Höhe von fünf bis sieben Metern und wird ebenso breit. Sein grünes Laub wird im Herbst orangerot. Die roten *Acer palmatum*-Sorten haben das ganze Jahr über dunkel- bis schwarzrote Blätter, die im Herbst leuchtend rot bis orange werden. Der japanische Gold-Ahorn (*Acer shirasawanum*) bleibt mit zwei bis drei Metern eher klein. Seine goldgelben Blätter verfärben sich erst orange und schließlich rot.

Mit schönem Herbstlaub präsentiert sich auch der Japanische Blumenhartriegel *(Cornus kousa)*. Er ist das ganze Jahr über eine Augenweide. Ab Mai zeigen sich die großen, weißgrünen Blüten, bei denen es sich streng genommen um Hochblätter handelt. Sie umrahmen eine kleine erdbeerartige Frucht, die sich im Laufe der Zeit von grün nach rot verfärbt. Im Herbst schließlich nimmt das grüne Laub eine gelbe bis rote Farbe an.

Nadelgehölze und Gartenbonsai

Im Winter bringen immergrüne Gehölze Farbe in den Garten. Während Blüten die Vergänglichkeit des Augenblicks verdeutlichen, verkörpern vor allem Nadelbäume Ausdauer und Beständigkeit. Japanische Gärten müssen sich nicht erst entwickeln, sie werden so angelegt, dass sie »fertig« sind, sobald das letzte Gehölz gepflanzt ist. Ziel ist es, diesen Eindruck über Jahrzehnte zu konservieren. Wer in Japan nach 20 Jahren eine der berühmten Klosteranlagen zum zweiten Mal besucht, wird den Garten beinahe unverändert vorfinden.

Dass dies gelingt, ist zu einem großen Teil den Formgehölzen zu verdanken. Sie sind wichtig, um harmonische Größenverhältnisse im Garten zu wahren, und zeigen die Natur in ihrem Idealzustand. In Japan wird das Alter hoch geschätzt. Daher wird versucht, einen noch relativ jungen Baum so aussehen zu lassen, als sei er bereits jahrhundertealt, habe sich Wind und Wetter entgegengestemmt und Stürmen getrotzt.

OBEN

Bambus macht sich in japanischen Gärten eher rar, obwohl er wie keine andere Pflanze mit asiatischer Gartenkultur assoziiert wird. Da die Winter in Deutschland kälter sind als auf den japanischen Inseln, muss bei der Auswahl der Bambusse auf Frosthärte geachtet werden.

OBEN

Das grün-weiße Zebragras im Vordergrund harmoniert mit dem weißen Splitt und schafft eine Verbindung zwischen Bepflanzung und Weg. Der Teppichknöterich an der anderen Wegseite zeigt seine rosa Blüten von Juni bis in den Herbst.

Als Gartenbonsai eignen sich Nadelbäume und bestimmte Zypressengewächse gut. Mit der Kiefer, von der viele Arten mehrere hundert Jahre alt werden, verbinden Japaner Ausdauer, Stärke und Langlebigkeit. Beliebte Kiefernarten im Japangarten sind die Japanische Schwarzkiefer *(Pinus thunbergii)*, die Japanische Rotkiefer *(Pinus densiflora)* und die Mädchenkiefer *(Pinus parviflora)*. Für den Formschnitt sind auch viele andere Kiefernarten geeignet, beispielsweise die Schwarzkiefer *(Pinus nigra)*, unsere heimische Waldkiefer *(Pinus sylvestris)* oder die Drehkiefer *(Pinus contorta)*.

Weitere als Gartenbonsai geeignete immergrüne Baumarten sind Wacholder *(Juniperus)*, Eibe *(Taxus)*, Stechpalme *(Ilex)* und die Scheinzypresse *(Chamaecyparis)*, die oft verächtlich als Friedhofspflanze bezeichnet wird, als Formgehölz jedoch sehr attraktiv wirkt. In Japan werden Gartenbäume als **Niwaki** bezeichnet. Dieser Begriff wird auch für in Form geschnittene Gartenbonsais verwendet. Durch den Formschnitt wird nicht nur die Höhe der Pflanzen, sondern auch deren Form kontrolliert. Um eine bestimmte Form zu erzielen, verwendet man neben Scheren noch diverse andere Hilfsmittel. Zu steil aufragende Äste werden mit Seilen oder angehängten schweren Gegenständen nach und nach in eine waagerechte Position gebracht. Schwere Äste bekommen mit Konstruktionen aus Bambus Halt. Zeltförmig gespannte Seile oder aufgestellte Bambusstangen schützen die wertvollen Bäume im Winter vor zu viel Schnee, der die Äste beschädigen könnte.

ES GIBT KEINEN WEG ZUM GLÜCK.

GLÜCKLICH-SEIN IST DER WEG.

Gautama Buddha

RECHTS
Formgehölze dürfen in keinem japanischen Garten fehlen. Die manchmal etwas strengen Formen werden harmonisch kontrastiert von fedrigleichten Pflanzengestalten wie dem Ahorn und großblättrigen Gehölzen wie Rhododendron.

Da in Japangärten nicht die Blüte, sondern die Form die Hauptrolle spielt, wirken sie zu jeder Jahreszeit attraktiv. Teich-, Zen- oder Teegarten verlieren auch in der kalten Jahreszeit nichts von ihrem Zauber. Raureif, Frost und Schnee unterstreichen vielmehr noch die Ruhe, die diese Gärten ausstrahlen.

Asia-Flair durch Bambus

Für Europäer ist keine andere Pflanze so sehr mit Asien verbunden wie der Bambus. Obwohl viele Bambusarten in China und Japan beheimatet sind, findet man nur selten Bambuspflanzungen in klassischen japanischen Gärten. Bambus taucht zwar als Baumaterial in Form von Zäunen, Toren oder Brücken auf, kaum jedoch als Pflanzung. Wer nicht ganz so puristisch ist, kann sich mit Bambus natürlich asiatisches Flair in den Garten holen. Die Pflanzen eignen sich beispielsweise hervorragend als Sichtschutz. Anders als die auffälligen Formgehölze, die den Blick auf die Solitärpflanzen lenken, bildet Bambus einen angenehmen, eher unauffälligen Hintergrund.

Nicht alle Bambus-Arten überstehen lang anhaltende Frostphasen. Empfindlich sind Bambusse auch bei sehr tiefen Temperaturen, besonders wenn es gleichzeitig sonnig, windig und trocken ist. Bei der Auswahl der Pflanzen sollte man in kälteren Regionen daher unbedingt auf frostharte Formen achten, die in harten Wintern zusätzlich geschützt werden sollten.

Moose gehören zu den entwicklungsgeschichtlich ältesten Pflanzen überhaupt. Während man in Mitteleuropa dem Moos im Garten normalerweise mit Moosvernichtern zu Leibe rückt, sind Moose für Japaner bei der Gartengestaltung unverzichtbar. Einige der berühmtesten japanischen Gärten sind reine Moosgärten! Moos schafft Verbindungen zwischen einzelnen Elementen im Garten. Es wächst auf Wegen ebenso wie auf Steinen, Zäunen, Mauern und Bäumen.

Obwohl es in Deutschland mehr als 1 000 verschiedene Moos-Arten gibt, sind sie im Garten schwer zu kultivieren. Die meisten Moose brauchen eine hohe Luftfeuchtigkeit. Es gibt jedoch Alternativen für trockenere Standorte, die sogenannten Moosersatzpflanzen.

Eine moosartige Polsterpflanze für den Halbschatten ist das Sternmoos *(Sagina subulata)*. Das Andenpolster *(Azorella trifurcata)* gedeiht auch in der Sonne. Für trockene, sonnige Flächen eignet sich das Bruchkraut *(Herniaria glabra)*, dessen grünlich weiße Blüte kaum auffällt. Eine andere Moos-Alternative für den Japangarten ist der Frühblühende Thymian *(Thymus praecox)* oder der Feldthymian *(Thymus serpyllum)*.

Ein japanischer Garten kann – richtig gepflegt – Jahrhunderte überdauern. Er bringt mit seiner kurzen, aber umso prachtvolleren Blütezeit und seinen flammenden Herbstfarben in Erinnerung, welch wunderbare Höhepunkte ein Menschenleben hat, die intensiv und achtsam genossen werden wollen.

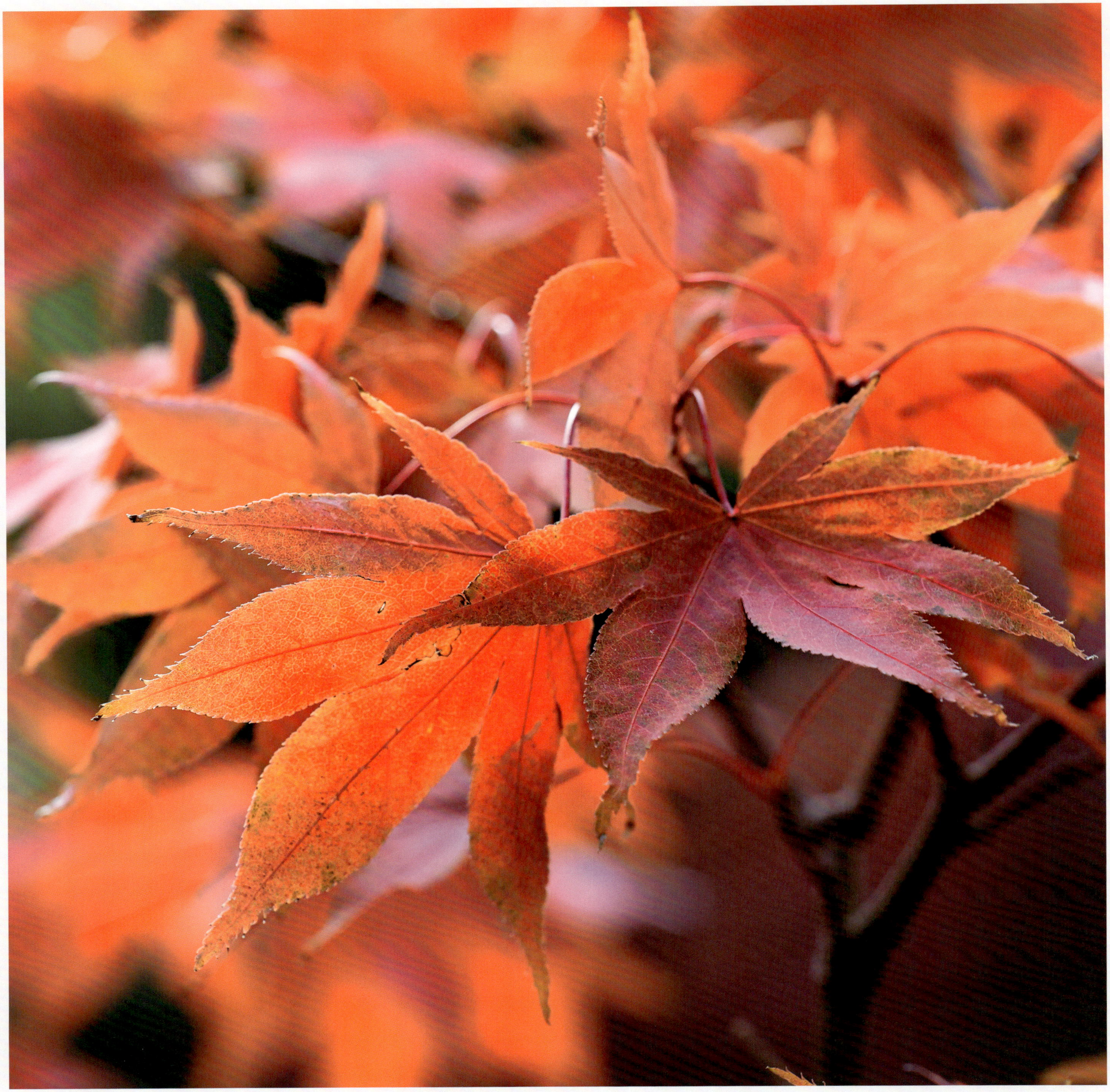

SEI DOCH UNBESORGT.

AUCH BLÜTEN UND BLÄTTER FALLEN OHNE ZU MURREN AB.

Haiku

Nepal in Bayern

DIE ÜPPIGE PFLANZENWELT UND DER TEMPEL

DES NEPAL-HIMALAYA-PARKS IN WIESENT

ZIEHEN JEDES JAHR TAUSENDE BESUCHER AN

RECHTS
Das große chinesische Ehrentor schließt den dahinter liegenden Glockenplatz ab, wo Nachgüsse der ältesten Glocken der Welt aus dem Pekinger Glockenmuseum sowie eine große Friedensglocke zu sehen sind.

Was einst ein aufgelassener Steinbruch war, ist heute ein blühendes Paradies, dessen Pflanzenvielfalt seinesgleichen sucht: der Nepal-Himalaya-Garten in Wiesent bei Regensburg.

Heribert Wirth wird sich immer an die Expo 2000 in Hannover erinnern. 1 600 m² groß und 23 m hoch ist der Tempel, den er im Anschluss an die Veranstaltung aus Niedersachsen in die Oberpfalz brachte. Das Gebäude war der Ausstellungsbeitrag Nepals auf der Expo. Nachdem es auf einem ehemaligen Steinbruch wieder aufgebaut worden war, begann Wirth, die fünf Hektar große Anlage um den Tempel zu gestalten. Er legte einen Teich an, pflasterte Wege, pflanzte Unmengen Rhododendren und einige Bäume – und stellte irgendwann fest, dass er bei der Gestaltung der Pflanzungen an seine Grenzen stieß. »Alles, was ich bisher an Arbeiten im Garten gemacht hatte, war Rasenmähen«, lacht der ehemalige Unternehmer. »Also fing ich an, Bücher zu lesen und mich mit Pflanzen zu beschäftigen.« Vor allem aber stellte er mit Olaf Grabner einen Gärtner ein, der viele Jahre eine Staudengärtnerei in Berlin geführt hatte und sich mit großem Fachwissen des Parks annahm.

Über 3 500 verschiedene Pflanzenarten können die Besucher in Wiesent bewundern, von denen etwa 1 000 aus dem Himalaya stammen. Sie zu kultivieren ist nicht einfach. Der Pflegeaufwand ist hoch, damit die Raritäten, die sonst im kühl-feuchten Klima Nepals wachsen, in der Oberpfalz gedeihen. Mit Wasserläufen und Beschattung wird versucht, den Pflanzen gute Lebensbedingungen zu bieten. Und das Ergebnis lohnt den Aufwand! So sorgen verschiedene Arten des Blauen Scheinmohns immer wieder für Aufsehen. Wer sich für die Flora des Himalayas interessiert, ist von Feuerkolben, Steinbrech und Lerchensporn begeistert.

勝境

RECHTS

Lilien, sowohl seltene Wildarten als auch neuere Züchtungen, bereichern den Park (links).
Ab Hochsommer öffnen sich an schattigen Standorten die unverwechselbaren Japanischen Wachsglocken (Mitte links).
Im Herbst hat der Losbaum mit seinen vielen Blüten seinen großen Auftritt (Mitte rechts).
Für wunderbare Blautöne sorgen die dauerblühende Säckelblume und der Steppensalbei (rechts).

LINKS UND UNTEN
Schönheit macht Arbeit: Für die Schnitzereien des Nepaltempels haben 800 Familien drei Jahre lang gearbeitet. Und auch die üppige Pflanzenvielfalt zwischen nepalesischen Pavillons und einem nepalesischen Tor will gut gepflegt sein.

OBEN UND RECHTS

Ein mächtiger Buddha thront über dem Seerosenteich, während im Hintergrund die Sommerheide *(Calluna)* ihre volle Blütenpracht entfaltet. Der liegende Buddha wird umrahmt von weißen Margeriten, Schwertlilien und einer noch jungen Strauchpfingstrose – in China ein Symbol für Vornehmheit und Reichtum.

Asiatische Einflüsse ziehen sich durch den gesamten Park. Es ist Heribert Wirth und Olaf Grabner mit seinem Gärtnerteam gelungen, die Flora aus aller Welt harmonisch mit asiatischen Bau- und Kunstwerken zu verbinden. Im Gartenbereich »Der große Hang« kuschelt sich eine Buddha-Statue in ein Bett aus Schleierkraut und Polsternelken. Ein Stupa – ein buddhistisches Monument – ist von einem weichen Teppich aus Laugenblumen, Polster-Silberraute und den rosa Blüten einer Stauden-Gladiole umgeben. Ein Stück weiter bewacht ein großer Buddha den Seerosenteich, dessen Uferweg unter anderem mit Nelkenwurz-Arten, verschiedenen Hosta, Iris, Fackellilien, Storchschnäbeln und Strauchpfingstrosen bepflanzt wurde.

Im Spätsommer bietet der Heidegarten, in dem verschiedene Heide-Arten – vor allem *Calluna* – mit Kiefern, Gräsern und Ginster kombiniert wurden, einen spektakulären Anblick. Im Gartenteil »Shangri La« stehen drei kleine nepalesische Tempel inmitten von Staudenrabatten mit imposanten Großstauden wie Sonnenbraut, Kamtschatka-Mädesüß, Kompasspflanze, Wiesenknopf und einer ausgedehnten artenreichen Schattenstaudenpflanzung mit zahlreichen Funkien, Farnen und Elfenblumen.

Aufsehen erregt der Zen-Garten mit der geharkten Kiesfläche und einem Großbonsai. Nur ein paar Schritte weiter, sanft an einem Hang gelegen, findet sich eine artenreiche Pfingstrosensammlung. Inmitten jener Blütenpracht räkelt sich genüsslich ein liegender Buddha, den es nicht zu stören scheint, dass ihn mitten im Frühsommer Margeriten an der Nase kitzeln und ihm im Spätsommer die gelben und orangeroten Sonnenbraut-Blüten wie ein Schleier über die Schultern fallen.

Neue Attraktion

Jährlich zieht der Nepal-Himalaya-Park etwa 50 000 Besucher an. Die Eintrittsgelder flossen zehn Jahre lang in die Stiftung »Wasser für die Welt« – die Kosten für den Unterhalt des Parks trug Heribert Wirth. Mittlerweile ist der Park eine eigene Stiftung, deren Überschüsse weiterhin Wasserprojekten in Entwicklungsländern zugutekommen. Seit Mai 2012 gibt es in Wiesent etwas Neues zu bestaunen. Heribert Wirth und seine Frau Margit eröffneten einen neuen Gartenteil, den Chinagarten, der jedoch deutlich artenreicher ist als in China üblich. Auf rund einem Hektar Fläche können Besucher eine Toranlage, einen Pavillon, diverse Steinstelen und sechs Glocken bewundern, Nachgüsse der ältesten Glocken der Welt. Ein Kräutergarten schließt sich an, in dem unter anderem viele Pflanzenarten zu sehen sind, die in der Traditionellen Chinesischen Medizin (TCM) verwendet werden. Wie im gesamten Garten verbinden sich auch hier Einflüsse unterschiedlicher Kulturen zu einer großen harmonischen Einheit.

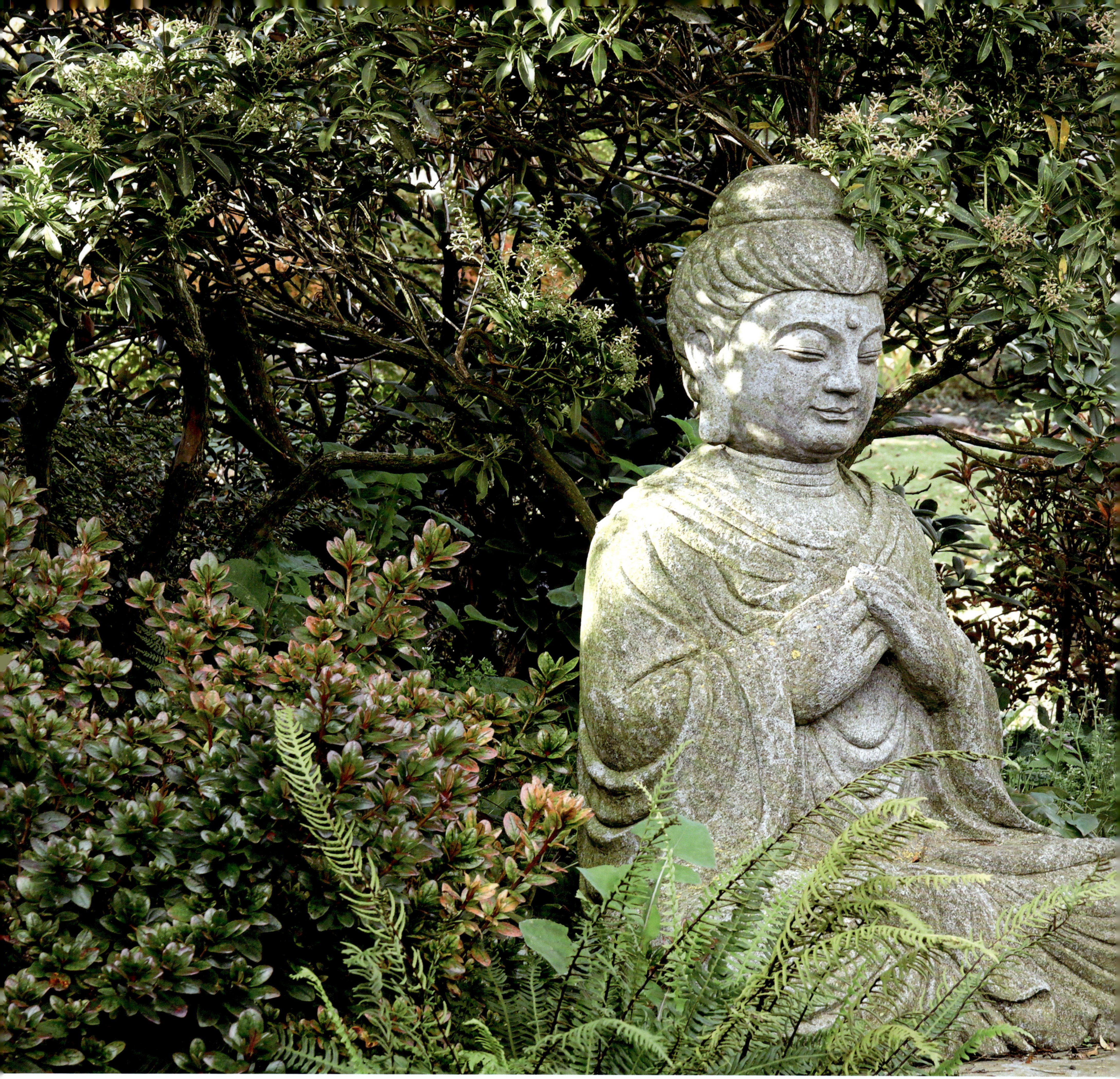

Der Weg zur Vollendung

SCHMUCKELEMENTE, MIT BEDACHT GEWÄHLT
UND PLATZIERT, RUNDEN DAS GESAMTBILD
JEDES ZEN-GARTENS AB

Liebevoll ausgesuchte Accessoires verleihen dem Garten Charme

Im japanischen Garten bleibt nichts dem Zufall überlassen. Steine werden akkurat gesetzt, Wasserfälle und Teiche sorgsam geplant. Ebenso überlegt erfolgt der Einsatz architektonischer und dekorativer Elemente.

Stein, Wasser und Pflanze – das sind die Hauptbestandteile eines japanischen Gartens. Architektonische Elemente ergänzen die Gestaltung, Dekorationsgegenstände runden sie schließlich ab. Welche Bauwerke mit der Anlage harmonieren, hängt nicht zuletzt von der Art des Gartens ab. So ist beispielsweise der Teegarten ohne ein Teehaus unvollständig. Früher waren das nicht viel mehr als grasbewachsene Hütten. Mittlerweile sind die Teehäuser solide gebaut, wenn auch schlicht eingerichtet. Ebenso gehören zum Teegarten ein meist überdachtes Eingangstor und ein Wartehäuschen für die Gäste dazu. Als Baumaterial wird dafür normalerweise Holz verwendet.

LINKS
Am Eingangsbereich des japanischen Gartens befindet sich hier ein Wasserschöpfbecken aus Stein. Traditionell werden an einer solchen Wasserstelle die Hände durch Übergießen gereinigt.

Wasserbecken in verschiedenen Formen

Wasserbecken sind ebenfalls fester Bestandteil der Teegärten. Die *chozu-bachi* bestehen meist aus Naturstein und dienen dazu, vor der Teezeremonie Hände und Mund zu reinigen.

Oft wird im Zusammenhang mit der rituellen Reinigung vor dem Teeweg auch der Begriff *tsukubai* verwendet. Er bezeichnet ein Arrangement aus einem Brunnenstein und mindestens drei weiteren Steinen: einem, auf dem derjenige steht, der sich reinigt, einem Stein links vom Becken, auf dem eine Kerze platziert werden kann und einem Stein rechts davon, auf den im Winter ein Behälter mit warmem Wasser gestellt wird.

Wasserbecken gibt es in allen möglichen Formen und Größen. Manche Designs basieren auf alten Vorbildern, beispielsweise ein rundes Bassin mit einem quadratischen Wasserbehälter. Die runde Form mit dem viereckigen Becken erinnert an eine alte japanische Münze oder einen Mühlstein.

In manchen japanischen Gärten entdeckt man Bambuswippen, die vom Wasser bewegt werden, die *shishi odoshi*. Das Wasser fließt aus einem Bambusbrunnen in einen beweglich gelagerten Bambusstab, der als Wasserreservoir dient. Ist das Reservoir gefüllt, kippt der Stab. Das Wasser ergießt sich entweder auf den Boden oder in ein Becken oder einen Teich. Beim Zurückfedern berührt das leere Bambusrohr einen Stein.

OBEN
Bei hunderten verschiedener Bambusarten in Asien ist es kein Wunder, dass das Holz ein traditioneller Baustoff ist. Die Bambuszäune können blickdicht sein, aber auch großzügige Einblicke gewähren. Die einzelnen Stangen werden häufig mit Schnüren aneinandergeknotet.

Ursprünglicher Zweck dieser Konstruktionen war es, mit dem klackenden Geräusch Vögel und Tiere von den Feldern zu vertreiben – es handelt sich also um eine Vogel- oder Wildscheuche. Der bei stetigem Wasserfluss in immer gleichen Abständen auftretende Ton kann in einem ruhigen, japanischen Garten aber auch für erfrischende Abwechslung sorgen.

Schmuckelement Bambuszaun

Zäune dienen der Abgrenzung des Grundstücks nach außen, können aber auch einzelne Gartenteile voneinander trennen. In diesem Fall sind sie meist wesentlich niedriger und offener, da sie keine Sicht- und Windschutzfunktion erfüllen müssen. Obwohl man im Prinzip jedes Holz verwenden kann, ist der Bambuszaun wohl der Inbegriff eines Zauns in japanischen Gärten. Allein in China und Japan sind mehr als 600 Bambusarten bekannt, wobei die größeren Arten chinesischer Herkunft sind. In den bekannten japanischen Tempelanlagen haben sich jeweils eigene Baustile für die Bambuszäune entwickelt.

Eine der häufigsten Verbindungen ist das Zusammenbinden der Bambusstangen mit Schnüren oder Seilen. Das Material lässt sich auch flechten, allerdings muss es dazu aufwändig in feine Streifen gehobelt werden. Für Flechtzäune ist das Rohr der in Südostasien heimischen Rattan-Palme wesentlich besser geeignet. Offene Strukturen, wie sie häufig bei dekorativen Zäunen zu finden sind, wirken besonders leicht. Sie bieten außerdem Kletter-

DAS WIRKEN DER NATUR ZU ERKENNEN, UND ZU ERKENNEN,
IN WELCHER BEZIEHUNG DAS MENSCHLICHE WIRKEN DAZU
STEHEN MUSS: DAS IST DAS ZIEL.

Zhuangzi

UNTEN UND RECHTS
Mit Moos überwachsen, wirkt die Steinlaterne, als ob sie bereits Jahrzehnte im Garten steht. Auch auf dem Wasserbecken *(chozu-baki)* setzen sich mit der Zeit Algen, Flechten und Moose ab und verleihen ihm Patina.

pflanzen guten Halt. Die Funktion blickdichter Zäune wird in manchen Gärten von soliden Mauern übernommen. Der Fantasie sind bei der Mauergestaltung keine Grenzen gesetzt. Die typische Mauer in japanischen Tempelanlagen ist allerdings die naturbelassene oder weiß gestrichene Lehmmauer, die mit Dachziegeln abgedeckt wird. Sie lenkt nicht vom Garten ab, sondern wirkt wie ein schlichter Rahmen um ein prachtvolles Bild.

Ein Bauwerk, das vor allem in großen japanischen Gärten anzutreffen ist, ist das Shinto-Tor *(torii)*. Die meist zinnoberrot lackierten Tore aus Holz oder Stein markieren den Eingang von Shinto-Schreinen und trennen Weltliches von Heiligem. Ein Shinto-Schrein enthält einen heiligen Gegenstand, in dem eine Gottheit oder Seele beheimatet ist. Unter den etwa 90 000 – 100 000 Schreinen in Japan gibt es sehr kleine, vergleichbar mit unseren Bildstöcken oder Kreuzen am Wegrand, aber auch große Schreinanlagen. *Torii* sind leicht an ihren beiden Querbalken zu erkennen. Der obere Balken ruht auf zwei senkrechten Pfosten, während der untere in sie hinein oder auch durch sie hindurch geht.

Laternen und Statuen als letzter Schliff

Was Engel, Nymphen und griechische Gottheiten für den Barockgarten, sind Steinlaternen, Pagoden und Buddha-Statuen für den asiatischen Garten: sie sind nicht zwingend notwendig, können das Gesamtbild jedoch abrunden, wenn man sie überlegt einsetzt. Die Steinlaternen *(ishi-doro)* kamen mit dem Buddhismus von China nach Japan. In China standen große Laternen aus Metall zunächst in den Tempelanlagen. Es wird vermutet, dass die kleinen Steinlaternen in der heute bekannten Form im Zuge der Teezeremonie den japanischen Garten eroberten und den Gästen im Dunkeln den Weg zum Teehaus wiesen.

Steinlaternen bestehen aus einem Sockel und einem überdachten Behälter für das Licht. Manch berühmter japanischer Tee-Meister betätigte sich in den vergangenen Jahrhunderten als Laternendesigner und entwickelte For-

UNSER LEBEN, WOMIT LÄSST ES SICH VERGLEICHEN?

MIT DEM TAUTROPFEN, VOM SCHNABEL EINES WASSERVOGELS

ABGESCHÜTTELT, IN DEM SICH NUN DAS MONDLICHT SPIEGELT.

Dogen Zenji

DIE DINGE SIND DAZU DA, DASS MAN SIE BENUTZT,

UM DAS LEBEN ZU GEWINNEN, UND NICHT,

DASS MAN DAS LEBEN BENUTZT, UM DIE DINGE ZU GEWINNEN.

Lü-shih Ch'un Ch'iu

men, die bis heute erhältlich sind. Ein Beispiel ist die *Oribe*, eine Laterne auf einem viereckigen Sockel, die in den Boden eingegraben werden muss. Ihren Namen hat sie von Tee-Meister Frutura Oribe (1544–1615), der diese Laterne entworfen hat. Angeblich war diese Laterne auch bei japanischen Christen beliebt. Sie meißelten Bilder der Jungfrau Maria in den Sockel, versenkten ihn in der Erde und konnten so heimlich die Mutter Gottes anbeten.

Sanftes Leuchten

Eine sehr bekannte und beliebte Steinlaterne ist die *Kasuga*, die Sockellaterne. Sie hat ihren Namen von ihrem Herkunftsort, dem Shinto-Schrein **Kasuga-Taisha** in der Stadt Naga. Dort säumen Hunderte Steinlaternen den Pfad zum Schrein. Üblicherweise haben die Kasuga-Laternen einen sechseckigen Lichtkasten. Die runde Säule ist von einem schmalen Ring umgeben. Der Fuß der Laterne ist ebenfalls sechseckig, ihr Dach häufig mit stilisierten Lotusblättern verziert.

Yukimi bedeutet übersetzt »Schneebetrachtungslaterne«. Die Laternen haben ein besonders breites, schirmförmiges Dach, auf dem sich Schnee gut sammeln kann. Yukimi sind meist klein und stehen auf mindestens drei Beinen. Es wird vermutet, dass die Laternen früher Ufer markierten und Seefahrern als Orientierung dienten. In japanischen Gärten wirken sie am Uferrand besonders schön. Licht, das durch die relativ großen Öffnungen des Lampenschirms dringt, spiegelt sich nachts auf der Wasseroberfläche. Speziell für Standorte am Wasser sind die Rankei-Laternen gedacht. Der Lampenschirm ist auf einem bogenförmigen Ständer befestigt, der über den Fuß hinausragt.

Ein japanischer Garten gewinnt an Reiz, je älter er wird. Schmückende Elemente dürfen, ja sollten sogar eine gewisse Patina haben, damit sie im Garten authentisch und harmonisch wirken. Besonders geschätzt werden daher Steinlaternen, die Verwitterungsspuren zeigen und mit Moos und Flechten bewachsen sind.

Auch Buddha-Statuen werden gerne im asiatisch gestalteten Garten als Dekorationselemente verwendet. Wer sich entscheidet, seinen Garten mit einem Buddha zu schmücken, sollte auf jeden Fall einen besonderen Platz für ihn auswählen oder schaffen.

OBEN

Steinlaternen an Ufern boten früher den Seefahrern Orientierung. Heute sind sie Dekorationselemente, die auch in einem Meer von Blumen gut zur Geltung kommen.

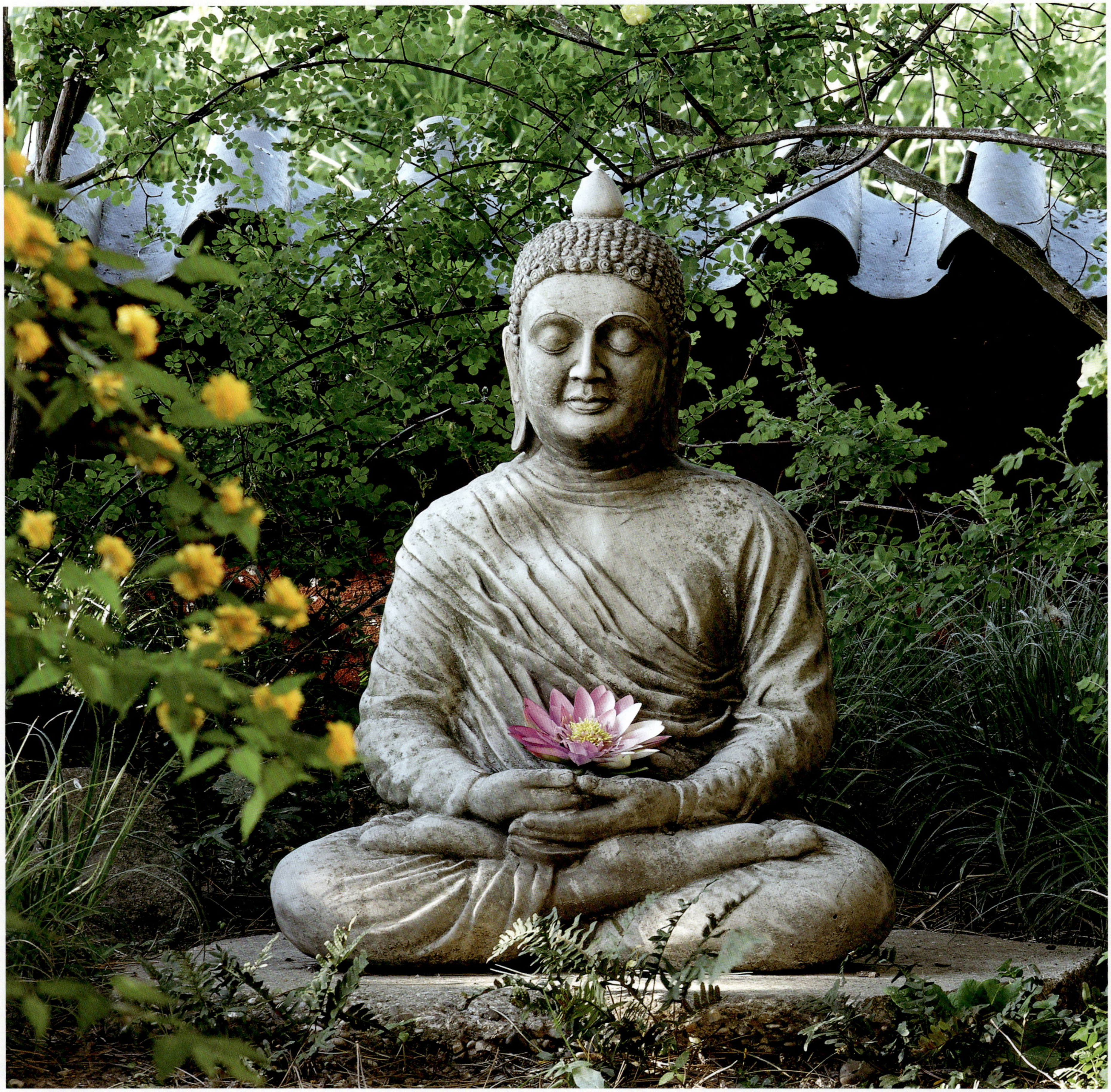

WILLST DU DEN WEG DER BUDDHAS UND ZEN-MEISTER BESCHREITEN,
　　DANN ERWARTE NICHTS,
SUCHE NICHTS UND HALTE NICHTS FEST.

Dogen Zenji

Der anmutige Charme Asiens

INSPIRIERT VON THAILÄNDISCHEN UND BALINESISCHEN HOTELANLAGEN ENTSTAND IM OBERBAYERISCHEN MÜHLDORF EIN WELLNESS-GARTEN NACH ASIATISCHEM VORBILD.

RECHTS
Ein Plattenweg führt durch das Bambustor zum privaten Baligarten der Familie Sax und gibt den Blick auf Seerosenteich und Ruhepavillon frei.

Südostasiatische Urlaubsatmosphäre – die hat sich das Ehepaar Yvonne und Camillo Sax in den Garten geholt. Ein Urlaub in Thailand gab Anfang der 1990er-Jahre den Ausschlag. »Wir wohnten in unmittelbarer Nachbarschaft des damals neu gebauten Amanpuri-Resorts in Phuket«, erinnert sich Konditormeister und Cafébesitzer Camillo Sax. Die Anlage wirkte von Weitem so beeindruckend, dass er sie zusammen mit seiner Frau näher betrachtete. Und beide verliebten sich in den anmutigen Charme des tropischen Hotelgartens.

Wieder in Mühldorf, nahm das Ehepaar die Umgestaltung des 700 Quadratmeter großen Hinterhofes in Angriff, der an Bäckerei, Café und einen kleinen Privatgarten grenzte. Nützlich, aber unattraktiv, fristete er ein Dasein als Betriebshof. Damit war nun Schluss. »Mein Traum war, dort einen Garten zu bauen, der an die Hotelgärten in Südostasien erinnert«, sagt Sax. Alter Baumbestand rund um den Hof bildete bereits einen schönen grünen Rahmen, ein Pool, den sein Vater noch angelegt hatte, wartete darauf, wieder in Betrieb genommen zu werden.

Als Erstes schüttete Camillo Sax zwei Lkw-Ladungen Granitsteine aus dem Bayerischen Wald auf das Gelände, eignete sich das notwendige Wissen über Mauerbau an und begann, Steine aufeinanderzuschichten. Um den Pool herum entstand ein Wellnessbereich mit Saunahäuschen, Whirlpool und Terrassen. Auffallend ist das ungewöhnliche Geländer aus runden, schlichten, grauen Säulen mit einem Holzhandlauf, das Poolbereich sowie Terrasse umgibt. »Das ist Amanpuri-Stil«, lacht Camillo Sax. »Ich habe mir überlegt, wie ich das nachbauen kann.« Kurzerhand kaufte er Abwasserrohre aus Kunststoff, goss sie mit Beton aus und verlieh den Säulen nach dem Aushärten einen grauen Anstrich.

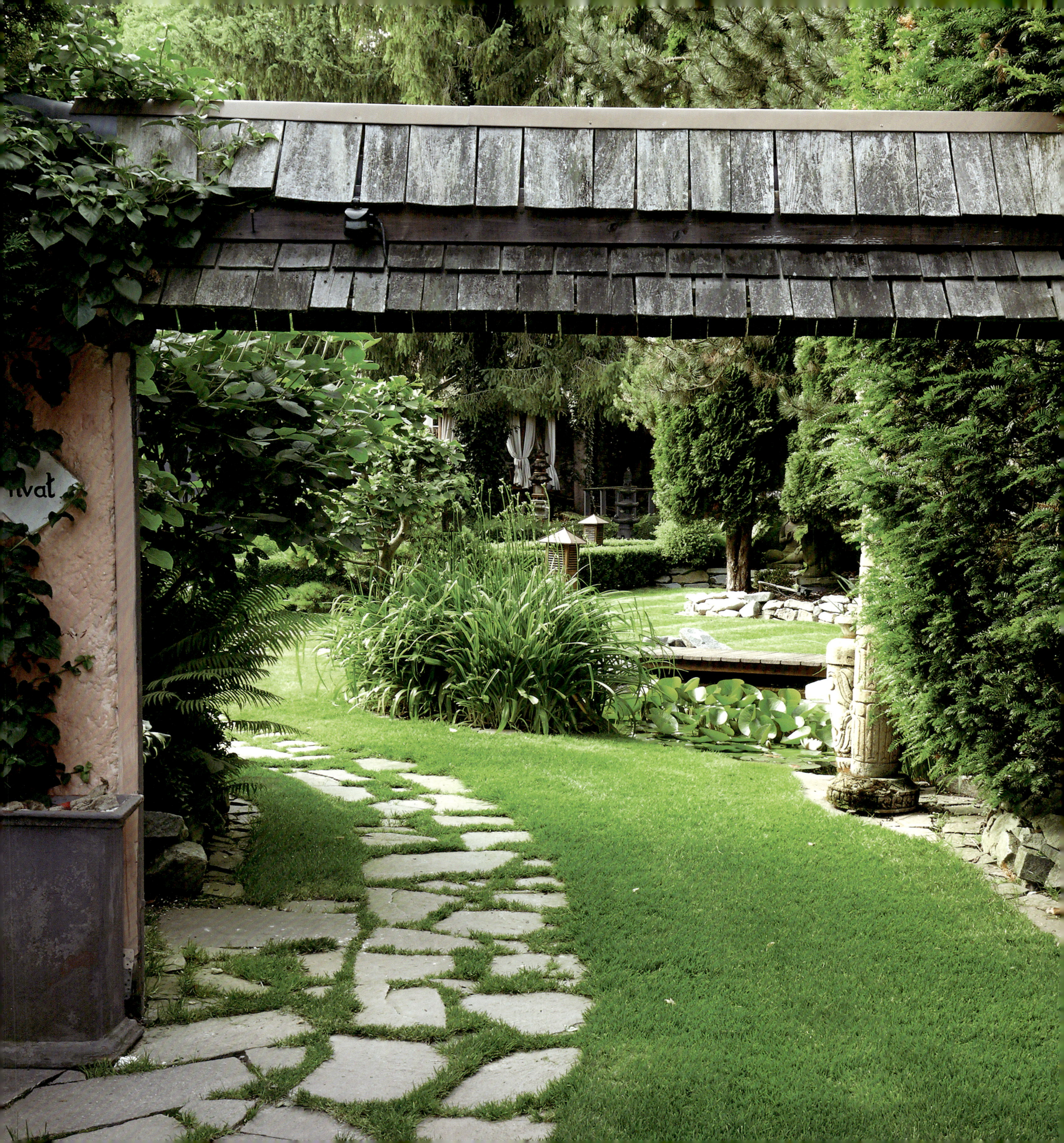

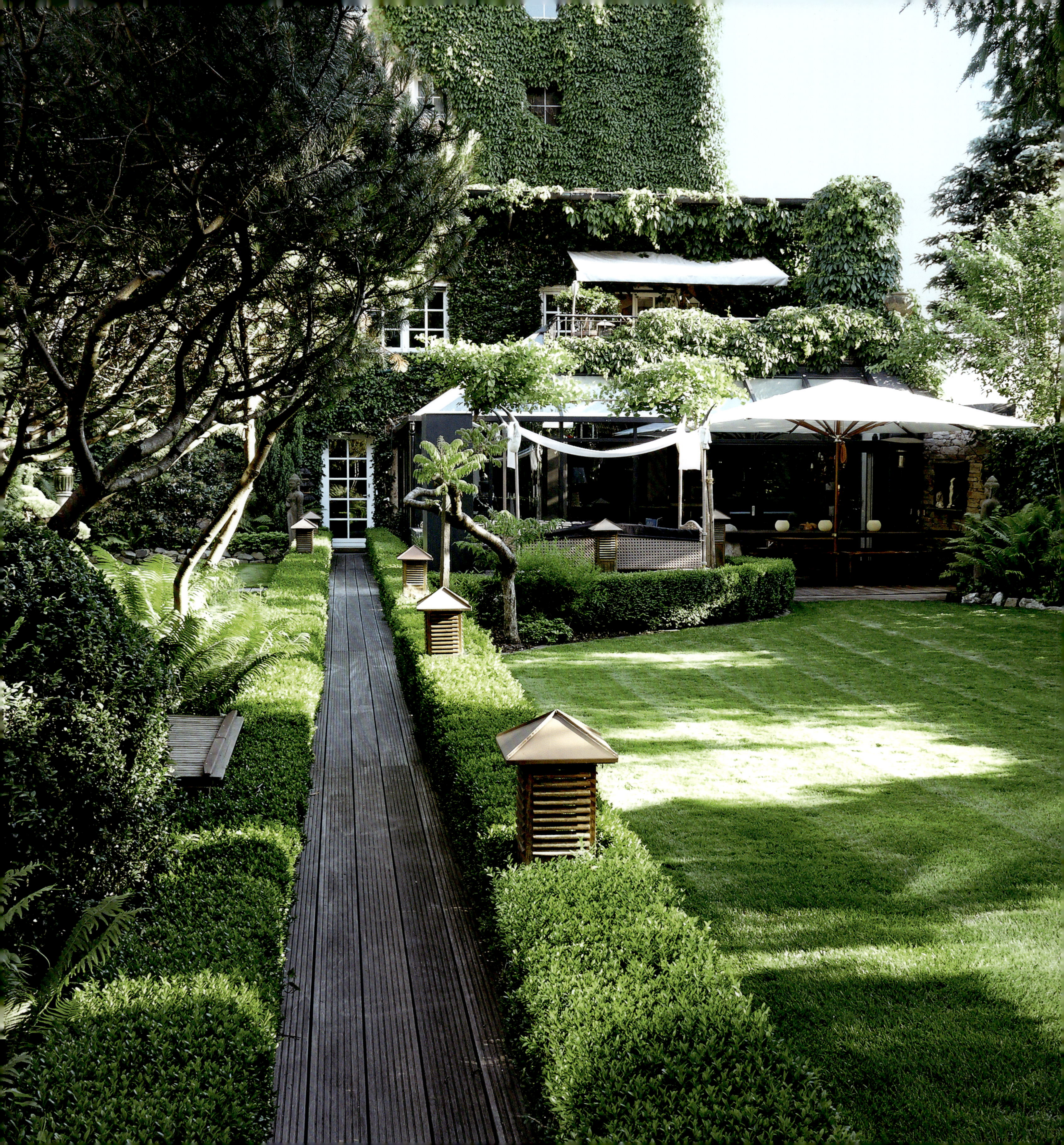

OBEN
Blick aus der Sauna auf den Spa-Bereich mit Sommerpool und Liegebetten. Der Pavillon überdacht einen Whirlpool, in dem die 4-köpfige Familie bequem Platz findet.

LINKS
Den Abschluss des Gartens bildet eine höher gesetzte Terrasse mit Korbmöbeln und zwei meditierenden Buddhas.

LINKE SEITE
Buchsbaumhecken und Laternen flankieren den Holzweg, der vom Wellness-Bereich zum Wohnhaus führt. Auf den Holzplanken lässt sich im Sommer wunderbar barfuß gehen.

OBEN UND RECHTS
Eine Holzbrücke führt über den Gartenteich zum Teepavillon. Bewacht wird der Ort von einem monumentalen Sandsteinbuddha. Dreht man auf der Brücke um, gelangt man über den Weg zum Wintergarten.

Zu einem asiatischen Garten gehören auch Gebäude. Sax entwarf daher zwei Pavillons, von denen der eine als Ruhepavillon nach der Sauna dient, während der andere den Whirlpool beherbergt. Das aufwändige Dachgestühl der Pavillons wurde von einem Zimmerer angefertigt, beim Aufbau halfen handwerklich begabte Freunde. Auf die Dächer, die Sax mit Zedernschindeln selbst gedeckt hat, ist er heute noch stolz.

Nach dem Wellnessbereich wurde das Gelände rund um den Wintergarten umgestaltet. Das gemütliche Holzdeck ist von Buchshecken umrahmt. Diese Hecken ziehen sich durch den gesamten Garten, gliedern ihn in einzelne Räume und grenzen die mit Holzplanken belegten Wege von Beeten und Rasenflächen ab. Ein Teich wurde angelegt, dessen Aushub Verwendung bei den Hochbeeten fand. Deren Umrandung besteht aus Steinen, die vom Mauerbau übrig geblieben waren.

Vor acht Jahren gönnte sich das Ehepaar eine Balireise und entdeckte dort einen Kunsthandwerkermarkt. »Vom hochwertigen Kleiderschrank bis zur urigen Gartenbank gab es alles.« Noch heute erinnert sich Camillo Sax mit einem Schmunzeln an den Kaufrausch, in den er und seine Frau gerieten. Pavillons, Figuren, Säulen, Lampen – ein ganzer Container voll balinesischer Kunstgegenstände wurde einige Wochen später vom Hamburger Hafen nach Oberbayern transportiert.

Trotz mittlerweile 25 Steinfiguren wirkt der Garten nicht überfüllt. Die einzelnen Objekte fügen sich geschmackvoll ins Gesamtbild ein. Was das Ehepaar an der Gartengestaltung in Ostasien schätzt, ist das Verspielte, Leichte, das auch sein Garten ausstrahlt. »Japanische Gärten sind ebenfalls wunderschön, allerdings verkörpern sie für mich eher etwas Strenges. Baligärten sind heiterer.«

Auch die beiden Kinder, Emanuel und Moana, fühlen sich im Garten wohl – erst recht, seit sie ihr eigenes Domizil haben. Ein Pavillon wurde mit dicken Polstern und Kissen ausgestattet und ist beliebter Treffpunkt für die Teenager und deren Freunde.

Die Verwandlung des Geländes vom Hinterhof zum balinesischen Traumgarten dauerte Jahre. Wirklich fertig ist er wohl nie. »Wenn ich denke, er ist fertig, stelle ich fest, dass er einige Zeit später noch fertiger ist«, schmunzelt Sax. Es gibt immer wieder etwas zu bauen, zu verändern, umzugestalten und natürlich zu pflegen. Um die Pflege kümmert sich der gelernte Konditormeister selbst. Ausgestattet mit etlichen Rasenmähern, Motorgeräten und Werkzeugen ist er oft stundenlang im Garten unterwegs, kümmert sich um seine Pflanzen – und entspannt sich dabei hervorragend. »Ich bin nicht der Mensch, der lange Zeit in einem Liegestuhl verbringen kann«, lacht er. »Deshalb bin ich froh, dass es immer etwas zu schnippeln gibt.«

禅

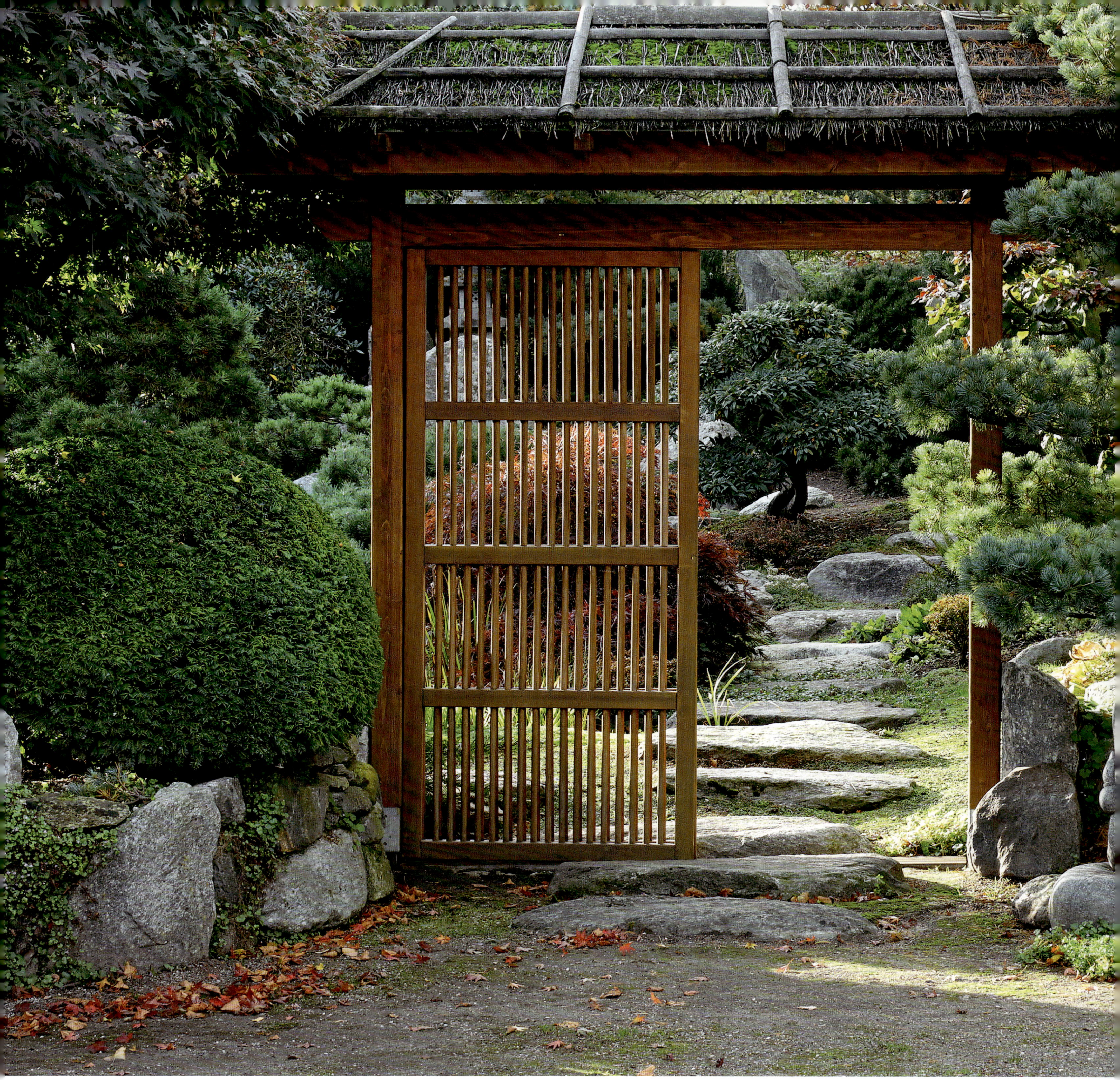

Zu sich finden

ZEN BESTEHT NICHT NUR AUS MEDITATION,
SONDERN AUCH AUS ACHTSAMKEIT

Das Glück zeigt sich oft in den ganz einfachen Dingen

UNTEN UND RECHTS
Auch im Herbst fallen noch Arbeiten im Garten an. Puristen sammeln täglich die Blätter aus Beeten und Kiesflächen, gelassene Gemüter erkennen in der Unordnung auf den zweiten Blick wunderbare, kontrastreiche Stimmungsbilder und warten mit dem Aufräumen noch ein wenig.

»Es besteht keine Gefahr, dass die Arbeit im Garten allzu gering wird«, wusste der deutsche Gärtner Karl Foerster. Diese Weisheit gilt auch für japanische Gärten. Nicht selten ist diese Arbeit gewollt, ist sie doch ein Teil des Weges zur Erkenntnis.

In Japan gibt es Zehntausende buddhistische Tempel und Klöster mit ebenso vielen Klostergärten. Wer als Schüler in ein Kloster geht, hat einen streng reglementierten Tagesablauf mit wenig Privatsphäre und vielen Vorschriften, die es zu beachten gilt. Für Mönche und Nonnen gelten ganz bestimmte Verhaltensregeln. Es gibt klare Vorstellungen davon, wie ein bescheidenes, einfaches Leben aussieht, was man loslassen soll und welcher Weg zur Selbsterkenntnis führt. Ein streng reglementierter Tagesablauf beinhaltet ebenso Meditation wie Arbeit.

Der Tag in Zen-Klöstern beginnt früh – auch für Besucher, sogenannte Laien, die Zen und Buddhismus für einige Zeit selbst erfahren wollen. Der Tag startet mit Meditation. Einen ebenso großen Raum nimmt in Zen-Klöstern jedoch die Arbeit ein. Sie hat einen hohen Stellenwert und ist neben *Zazen*, der Sitzmeditation, eine Möglichkeit, sich von seinem Ego zu lösen und zu sich selbst zu finden.

Der Geist kommt nicht nur durch Kontemplation oder das Betrachten der Natur zur Ruhe, sondern auch beim Kartoffelschälen, Geschirrspülen und Toiletteputzen. Auch im Garten finden sich passende Tätigkeiten wie etwa Wegefegen, Unkrautzupfen oder Laubsammeln.

WER DES LEBENS BEDINGUNGEN VERSTEHT,

DER WIRD SICH NICHT ABMÜHEN UM DINGE,

DIE FÜR DAS LEBEN ÜBERFLÜSSIG SIND.

Zhuangzi

OBEN UND RECHTS
Etwa ein Vierteljahrhundert hat es gedauert, bis sich Eibe und Schwarzkiefer, Buchskugeln und Cotoneasterkissen in dieser Größe präsentieren können. Wichtig ist dabei der regelmäßige, sorgfältige Schnitt.

Samu nennt sich diese Art des meditativen Arbeitens. Dabei geht es weniger um ein Ergebnis oder um die Zeit, die man dafür braucht, sondern vielmehr um die Art und Weise, wie diese Arbeit verrichtet wird: mit Achtsamkeit. Eine der bekanntesten Geschichten aus dem Zen-Buddhismus ist die eines Zen-Mönches, der von einem Schüler gefragt wird, wie er denn meditiere. Der Mönch antwortete: »Wenn ich esse, dann esse ich. Wenn ich sitze, dann sitze ich. Wenn ich stehe, dann stehe ich. Wenn ich gehe, dann gehe ich.« Der Schüler meinte erstaunt, dass das doch nichts Besonderes sei – das täten doch alle. Da sagte der Mönch: »Nein, wenn du sitzt, dann stehst du schon. Wenn du stehst, dann bist du schon auf dem Weg.«

Zen, das bedeutet nicht ständige Meditation, sondern vielmehr Achtsamkeit und Aufmerksamkeit bei allen Dingen. Es bedeutet das Erreichen von Weisheit, Mitgefühl und Toleranz im Alltag. So sagte beispielsweise der Zen-Meister Koshi Uchiyama Roshi (1912–1998), der bis 1975 Abt des Kloster Antaiji in Kyoto war: »*Zazen* üben heißt nicht, von unserem täglichen Leben getrennt zu sein. Es heißt, das eigene Leben in jeder Sekunde zu kneten und zu scheuern.«

Zen bei der Gartenarbeit

Ein japanischer Garten ist ideal, um sich in Achtsamkeit und Aufmerksamkeit zu üben. Welkes Laub, abge-

ZEN IST NICHTS AUFREGENDES,
SONDERN KONZENTRATION AUF DEINE ALLTÄGLICHEN VERRICHTUNGEN.

Shunryu Suzuki

OBEN
Der Kies, der die Trittplatten umrahmt, ist auch ohne Muster schön. Gelegentlich gerade oder wellenförmige Linien hineinzuharken hat jedoch eine sehr beruhigende Wirkung auf den Geist.

storbene Pflanzenteile oder unordentliche Kiesflächen haben dort nichts zu suchen, es sei denn, sie unterstreichen die Natürlichkeit und Schönheit. Ein Frühling ohne Kirschblüten auf Sträuchern und Wegen und ein Herbst ohne Laub wären bei allem Wert, der auf Reinlichkeit gelegt wird, ebenfalls unnatürlich.

Arbeit im Garten – das bedeutet für Gartenbesitzer in den Industriestaaten den Einsatz von Maschinen. An warmen Sommertagen lärmen die Motoren der Rasenmäher, im Herbst knattern die Heckenscheren und dröhnen die Laubbläser. Mit *Samu*, dem meditativen Arbeiten, hat das nichts zu tun. Auf den Knien von Hand das Unkraut zupfen, ein Laubblatt nach dem anderen aus dem Beet heben und in ein Gefäß legen, mit dem Besen den Weg fegen und dabei in Gedanken ganz bei dem sein, was man gerade tut – so wird aus Gartenarbeit eine kontemplative Tätigkeit. Kontraproduktiv ist es dabei, ein Ziel zu haben, beispielsweise an einem Nachmittag alle Beete von Unkraut zu befreien. Erfolg wird nicht als Menge an Laub oder in gearbeiteten Stunden definiert, sondern ob man während der Arbeit bei der Sache und bei sich selbst war. Der Weg ist das Ziel: täglich eine halbe Stunde hingebungsvolles Unkrautzupfen ist besser, als stundenlang lustlos Löwenzahn zu stechen.

Perfekt von Anfang an

So schön das Ideal von *Samu* auch ist: außerhalb von Klöstern wird sich der Maschineneinsatz selten vermeiden lassen. Der japanische Garten erfordert einiges an Pflege. Diese Gärten wurden nicht gebaut, um sich wie ein Staudengarten während einiger Jahre zu ihrer vollen Pracht zu entwickeln, sondern sie sollen bereits gleich nach der Anlage perfekt sein und es auch bleiben. Nicht Wachstum und Veränderung stehen im Mittelpunkt, sondern Reife. So darf eine Schwarzkiefer mit den Jahren älter, ehrwürdiger und knorriger werden, jedoch nicht wesentlich größer als zum Zeitpunkt der Pflanzung. Das erfordert regelmäßigen Schnitt mit viel Fingerspitzengefühl. Beim kunstvollen *Niwaki* werden Bäume nach einem bestimmten Idealbild geformt. Schöne Großbonsai haben daher ihren Preis. Schließlich stecken in einem gut gestalteten Baum von knapp zwei Meter Höhe durchaus mehrere Jahrzehnte des Schnitts und der Pflege.

WER EINEN BAUM PFLANZT

WIRD DEN HIMMEL GEWINNEN.

Konfuzius

Anspruchsvolle Pflanzenwelt

Die Pflege japanischer Gärten in mitteleuropäischen Breiten kann sich auch aufgrund klimatischer Besonderheiten schwieriger gestalten als in Japan selbst. So benötigen beispielsweise Azaleen ebenso wie viele Rhododendren saure Böden, Moos liebt es schattig und feucht – Bedingungen, die nicht immer gegeben sind, sondern teils aufwändig geschaffen werden müssen. Viele in Japan heimische Pflanzen sind zwar lange, kalte Winter gewöhnt, kommen aber mit trockenen Sommern und einer niedrigen Luftfeuchtigkeit nur schwer klar. Während die Monate Juni bis September in Mitteleuropa die wärmsten und trockensten sind, ist das Klima während dieser Zeit in Japan vielerorts feuchtwarm. Den Pflanzen, die im asiatischen Raum heimisch sind, in unseren Breiten vernünftige Wachstumsbedingungen zu bieten, kann somit größeren Aufwand erfordern.

Eine weitere Art, seinen Garten zu erleben und in ihm zu »arbeiten«, ergibt sich aus der Art des Gartens. Wer einen Teegarten mit einem Teehaus sein eigen nennt, kommt in den Genuss eines besonderen Rituals. Er kann sich im Teeweg *(Chado)* üben, der außerhalb Asiens auch als Teezeremonie bezeichnet wird. Jede Handlung während der Zeremonie folgt bestimmten, vorgeschriebenen Abläufen. Das gilt nicht nur für den, der den Tee zubereitet, sondern auch für die Gäste, die bestimmte Regeln bereits beim Betreten des Teegartens einzuhalten haben.

OBEN

Ein japanischer Garten erfordert viel Pflege. Wer Gartenarbeit mag, die richtigen Schnittzeitpunkte kennt und weiß, wo er die Schere ansetzen darf, kann dabei herrlich entspannen. Kontemplativ ist es auch, die Triebe der Kiefern abzuknipsen. Diese Fleißarbeit ist nötig, wenn die Bäume klein und flach bleiben sollen.

Es wird angenommen, dass die Sitte, pulverisierten grünen Tee *(Matcha)* zu trinken, im 12. Jahrhundert von China nach Japan gebracht wurde. Gesichert ist, dass ein Teemeister namens Sen no Rikyu, der 1521 im japanischen Sakai geboren wurde, erheblichen Einfluss auf die Teezeremonie hatte. Er verknüpfte mit dem Teeweg Ideale wie Stille, Einfachheit und Bescheidenheit und setzte ihn mit Zen gleich. Wie bei *Zazen* und *Samu* geht es auch beim Teeweg darum, durch Rituale zu seinem innersten Wesen zu gelangen. Damit ist er ebenfalls ein Übungsweg, der zur Erleuchtung führen kann. Die Harmonie, Ruhe und Gelassenheit des Teeweges soll sich bei dem, der ihn praktiziert, nicht nur auf die Zeremonie der Teezubereitung und der Bewirtung der Gäste beschränken, sondern sich idealerweise auch im Alltag zeigen.

Ähnlich den Tätigkeiten des *Samu* werden auch beim Teeweg alle Handreichungen mit äußerster Achtsamkeit durchgeführt. Das beginnt bei der Einladung der Gäste und setzt sich fort in den Vorbereitungen, die für die Zeremonie zu treffen sind. Eine Teezeremonie kann mehrere Stunden dauern und ist von vielen alltäglichen Handlungen wie Wasser holen und Geschirr reinigen geprägt.

Routine und immer gleiche Abläufe begegnen jedem von uns jeden Tag. Was wir vom Zen lernen können, ohne uns intensiv mit der Lehre befassen zu müssen: Das wahre Glück liegt nicht in den großen Ereignissen. Wenn wir uns auf unser alltägliches Tun konzentrieren und aufmerksam sind, erfahren wir Besinnung auf das Wesentliche des Lebens.

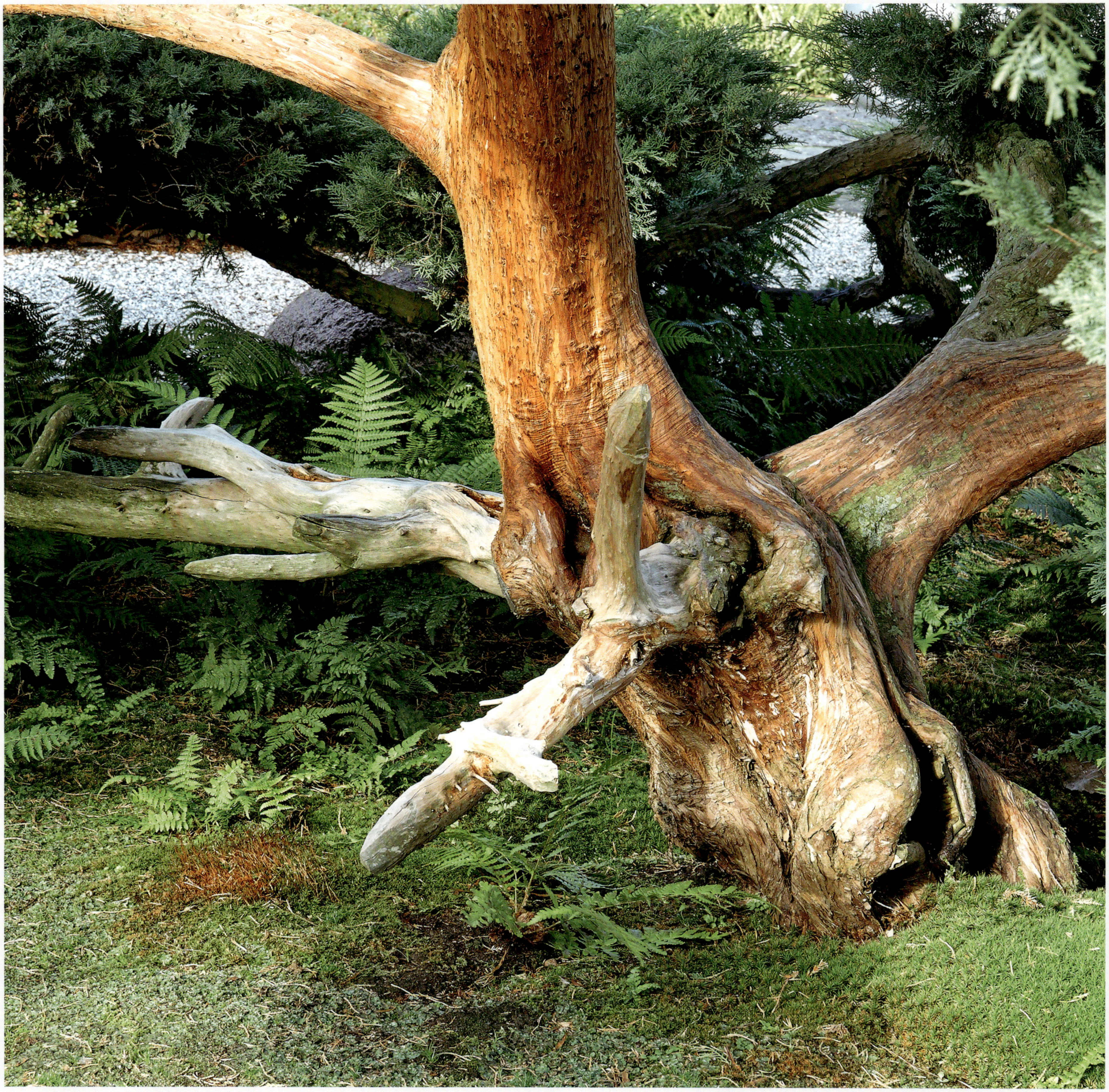

BÄUME SIND GEDICHTE,
    DIE DIE ERDE IN DEN HIMMEL SCHREIBT.
  Khalil Gibran

Durchatmen im Zen-Kloster

WER STILLE SUCHT UND ABSTAND VOM ALLTAG BEKOMMEN MÖCHTE, FINDET ZWISCHEN HANNOVER UND BREMEN GENAU DEN RICHTIGEN ORT DAFÜR

禅

RECHTS
Ein Blick durch das Teehaus des Zenklosters Liebenau auf den Moosgarten. Der Ausschnitt, der sichtbar wird, wenn sich die Türen öffnen, ist nicht etwa zufällig, sondern wurde bereits vor dem Bau des Gebäudes bewusst gewählt.

Wer etwas über Zen lernen will, wird im Norden Deutschlands fündig. Etwa 60 km von Hannover entfernt befindet sich in der Gemeinde Liebenau ein Zen-Kloster, in dessen Garten die Besucher erleben können, was es heißt, mit der Natur eins zu werden.

Als Dr. Wolfgang Hess das erste Buch mit japanischen Gärten entdeckte, berührte es ihn tief. »Ich war so fasziniert, dass ich damals alle Bücher über japanische Gartenkunst gekauft habe, die ich finden konnte.« Umgehend buchte er mit seiner Frau eine Reise nach Japan. Als er dort den ersten Zen-Garten besichtigte, weinte er vor Ergriffenheit. »In diesen Gärten steckt etwas, das uns bewegt«, sagt Hess.

Durch die Auseinandersetzung mit den Gärten lernte das Ehepaar die japanische Kultur kennen und begann, sich mit dem Zen-Buddhismus zu beschäftigen. Es folgte eine Ausbildung bei einem befreundeten Zen-Lehrer in Bremen, ergänzt von Aufenthalten in einem japanischen Zen-Kloster. Dort bekamen Wolfgang und Marianne Hess Einblicke in die Gartenkunst, die sonst nur Japanern gewährt werden.

Schon Ende der 1980er-Jahre hatte das Ehepaar Hess Schloss Eickhof in Liebenau gekauft, um sich dort in ruhiger Umgebung niederzulassen. Im Zuge der wachsenden Begeisterung für japanische Gärten wurden immer größere Flächen des zugehörigen Parks umgestaltet. Schließlich wurde 2006 aus dem bis dahin ausschließlich als Wohnhaus genutzten Schloss ein Zen-Kloster mit Seminarzentrum. Seither können Interessierte dort an einem Wochenende eine Einführung in den Zen-Buddhismus erhalten, etwas über die Gestaltung japanischer Gärten und Bonsai lernen oder auch mehrere Wochen und Monate im Kloster leben.

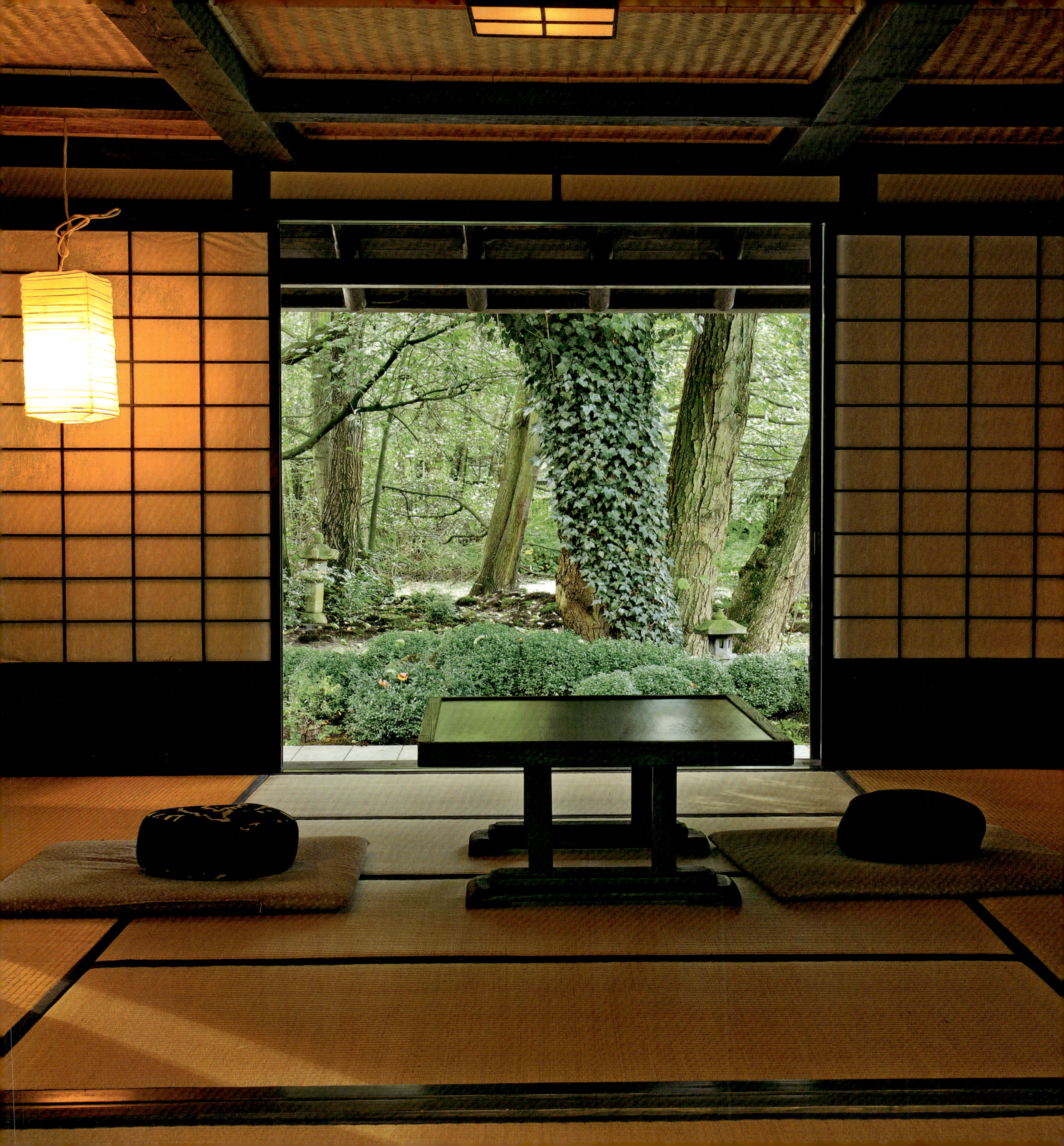

134

OBEN LINKS
Optische Täuschungen sind in japanischen Gärten gang und gäbe. Wer kann schon sagen, ob Kiefern und Ahorne zwei Meter oder 20 Zentimeter hoch sind?

UNTEN LINKS
Die Findlinge am Wasserfall stammen alle aus der Umgebung. Das Moos auf den Hügeln verdankt Hess weniger der Natur als vielmehr seiner Kenntnis der Materialeigenschaften bestimmter Baustoffe.

OBEN
Einen Plan hatte Wolfgang Hess bei der Gestaltung des Japangartens nicht, sehr wohl aber eine Vision, die er auf dem Gelände nach und nach verwirklicht hat.

禅

Beruf als Berufung

Die Gartengestaltung, die für Wolfgang Hess als Hobby begann, ist mittlerweile zum Beruf, besser zur Berufung geworden. Mit seinem Unternehmen »Japan-Garten-Kultur« gestaltet er Gärten nach japanischem Vorbild in Deutschland und der Schweiz.

Wer als Grundlage des Baus Pläne erwartet, wartet vergeblich. Für Hess ist Gartengestaltung Kunst, und Kunst kennt keine Pläne. »Wenn Sie einen Garten planen, ist das so, als ob Sie ein Bild von Picasso nach Zahlen malen. Ein Künstler hat zwar ein Ergebnis vor Augen, er denkt aber nicht über den dorthin Weg nach.«

Japanische Gartengestaltung – das ist Denken in der dritten Dimension. »Wenn Sie in einem typisch deutschen Garten Erde ausheben, ist das größte Problem des Landschaftsgärtners, wohin er die Erde abtransportieren soll. In einem japanischen Garten reicht der Erdaushub nie aus, um die Landschaften zu modellieren.«

Wer als Europäer etwas über japanische Gartengestaltung lernen will, tut sich oftmals schwer. Nicht etwa, weil er die Kultur nicht versteht, sondern weil es kaum Lehrer dafür gibt. Japanische Gartenmeister behalten ihr Wissen gerne für sich. Wolfgang Hess hatte das Glück, einiges über diese Gartenkunst zu lernen. Und er hat festgestellt, dass es vor allem darum geht, sich selbst zu erkennen.

OBEN UND RECHTS

Das großzügige Gelände um das ZenKloster bietet genug Platz für verschiedene Gartenstile. Bei Gästen ist der Teegarten mit dem großen Teehaus ebenso beliebt wie der üppig bewachsene Teichgarten.

Das bedeutet nichts anderes, als dass Menschen bestimmte Dinge benötigen, um sich aufgehoben zu fühlen. Dazu gehören Nahrung, Wasser und eine sichere Umgebung, also entweder eine Bergkuppe, von der aus man das Land überblicken kann, oder eine Höhle, die Schutz bietet. »Ist dies erfüllt, fühlt sich der Jäger und Sammler in uns wohl.«

Der Geist findet Ruhe

Ein japanischer Garten erfüllt diese Grundbedürfnisse. Er bietet Wasser, die Farbe Grün als Inbegriff für das Wachstum von Nahrung und Schutz durch Felsen. So kommt der ständig aufmerksame Geist zur Ruhe.

Neben dem Buddhismus ist in Japan der **Shintoismus** die vorherrschende Glaubensrichtung. Zu diesem Glauben gehört die Überzeugung, dass sich das Göttliche an schönen Orten niederlässt. »Ein Platz, der zum Garten werden soll, muss daher so ansprechend sein, dass die Götter Lust haben, dort zu verweilen«, erklärt Hess. Der Gartengestalter, der sich intensiv mit der japanischen Kultur auseinandergesetzt hat, weiß, dass Schönheit sehr viel mit Perfektion zu tun hat. Jeder noch so kleine Stein und jede noch so unscheinbare Pflanze werden sorgfältig ausgewählt und erst dann in die Erde gesetzt, wenn der perfekte Platz gefunden ist. Diese Achtsamkeit und Ruhe, mit der ein japanischer Garten gestaltet wird, strahlt er letztlich auch aus.

禅

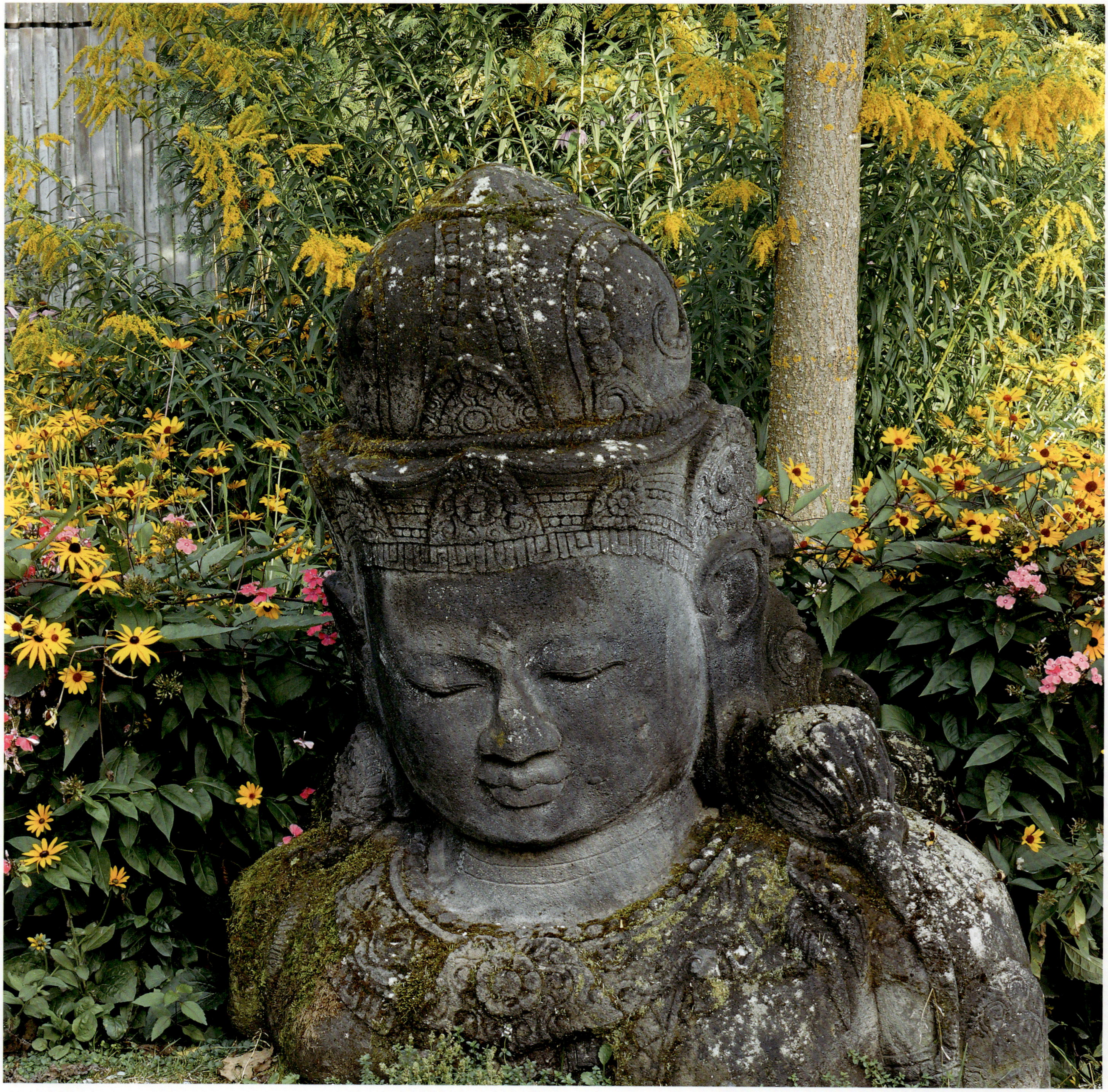

NICHT DIE BLUMEN UND BÄUME,
  NUR DER GARTEN IST DEIN EIGENTUM.

Chinesisches Sprichwort

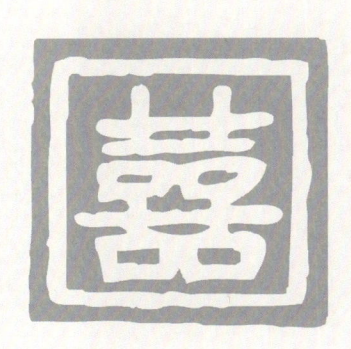

Adressen, die Ihnen weiterhelfen

Großbonsai

Baumschule H.J. Höpken
Woldlinie 31
26160 Bad Zwischenahn
Tel.: 0 44 86 / 3 61
www.big-bonsai.de

Bruns Pflanzen-Export
Johann-Bruns-Allee 1
26160 Bad Zwischenahn
Tel.: 0 44 03 / 6 01-0
www.bruns.de

Rudolf Marken Baumschule
Torsholter Hauptstraße 72
26655 Westerstede
Tel.: 0 44 88 / 32 85
www.marken-pflanzen.de

Turnau Pflanzenhandel
Forsthaus Horn 6
30982 Pattensen
Tel.: 0 51 01 / 17 17
www.turnau.de

Bonsaischule
Enger Michaela &
Hans-Hermann Pieper
Feldstraße 21
32130 Enger
Tel.: 0 52 24 / 58 79
www.bonsaischule.de

Reinecke Baumschulen
Bundesstr. 18
38536 Meinersen / Ohof
Tel.: 0 53 72 / 97 91 44
www.reinecke-baumschulen.de

Baumschulen Andreas Precker
Im Ophoff 14
45770 Marl
Tel.: 0 23 65 / 20 82 20
www.baumschulen-precker.de

Baumschulen New Garden
Prozessionsweg 62
46325 Borken - Weseke
Tel.: 0 28 62 / 70 02 07
www.baumschule-newgarden.de

Pflanzencenter Hintemann
Estern 53
48703 Stadtlohn
Tel.: 01 72 / 2 83 14 39
www.gartenbonsai-niwaki.de

Ulmer-Baumschulen
Obere Grabenstrasse 34
73235 Weilheim / Teck
Tel.: 0 70 23 / 28 38
www.ulmer-baumschulen.de

Baumschule Wörlein
Baumschulweg 9
86911 Dießen am Ammersee
Tel.: 0 88 07 / 92 10-0
www.woerlein.de

Andreas Krappweis
Private Gardens
Lena-Christ-Straße 12 b
85579 Neubiberg
Tel.: 0 89 / 606 17 92
krappweis.com

Bambus Zentrum München
Henri Huber
Rote-Kreuz-Straße 12
85737 Ismaning
Tel.: 089 / 96 20 10 60
www.bambus-muenchen.de

Garten Punzmann
Menzlhof 6
92665 Kirchendemenreuth
Tel.: 0 96 81 / 92 11-0
www.garten-punzmann.de

Weitere Bonsaihändler (für Großbonsai und Bonsai) findet man unter:
www.bonsaizone.de

Kois und Zubehör

Aqua-Farm Oberlausitz
Am Bahnhof 27
02708 Löbau-Kittlitz
Tel.: 0 35 85 / 45 29 53
www.aquafarm-oberlausitz.de

nipponkoi
Hauptstraße. 24b
04567 Kitzscher OT Hainichen
Tel.: 03 43 47 / 5 13 04
www.nipponkoi.de

Schukoi
Dorfstraße 27
14797 Nahmitz
Tel.: 0 33 82 / 70 39 56
schukoi.de

Koi Sugoi
Wurster Str. 2
27637 Nordholz / Spieka
Tel.: 0 47 41 / 60 26 74
www.koi-sugoi.de

Aquarium Nollmann
Brockhagener Str. 57-59
33609 Bielefeld
Tel.: 05 21 / 4 17 84 60
www.koi-kichi.de

Koifarm Nietho
Josef-Baumann-Strasse 2A
44805 Bochum
Tel.: 01 78 / 6 35 93 89
www.koifarm-nietho.de

Koi Westerwald
An der L306
56242 Marienrachdorf
Tel.: 0 26 26 / 7 83 81
www.koi-westerwald.de

Nishikigoi Zentrum
Klingsackerstrasse 53
64319 Pfungstadt
Tel.: 0 61 57 / 8 01 80 80
www.koi-darmstadt.de

Koi Landau
Michael Maul & Stefanie Göbel
Kleiner Sand 4
76829 Landau in der Pfalz
Tel.: 0 63 41 / 14 11 94
www.koi-landau.de

Schleitzer
Enterstrasse 23
80999 München
Tel.: 0 89 / 89 28 65 - 23
www.schleitzer.de

Koi & Teich Dollinger
Rushaimerstr. 62
80689 München
Martina Dollinger
Tel.: 0 89 / 58 93 93-50
www.koi-dollinger.de

AIKYO-KOI
Fachhandel für Koi
Kilianstr. 58
90425 Nürnberg
Tel.: 09 11 / 3 84 98 45
www.aikyo-koi.de

KoiAqua.de
Schlesierstr. 1
96237 Ebersdorf
Tel.: 0 95 62 / 5 02 43 20
www.koiaqua.de

Rolf Dahms
Feuerbacher Straße 4
97353 Wiesentheid
Tel.: 0 93 83 / 28 20
www.koi-farm.de

Koi-Händler nach Postleitzahlen sortiert
findet man z. B. unter:
www.teichforum-nrw.de
www.koihaendler.info

Filter und Teichzubehör

Gerlinde Steppan
Boschstr.6–8
46244 Bottrop
Tel.: 0 20 45 / 75 33
www.koi-steppan.com

Söll GmbH
Fuhrmannstraße 6
95030 Hof
Tel.: 0 92 81 / 72 85-0
www.soelltec.de

Accessoires

Anthurium Services
Hermsdorfer Damm 139
13467 Berlin
Tel.: 0 30 / 40 53 32 41
www.japangarten-berlin.de

Steinbildhauermeister Sandro Moritz
Werkstatt und Ausstellung:
Lichterfelder Baustoffhandel GmbH
Lichterfelder Weg 11
14167 Berlin
Tel.: 01 63 / 2 37 85 94
www.Tourotaku.de

Asian-Garden-and-Art.de
Klingenberg 16a
25451 Quickborn
Tel.: 0 41 06 / 7 58 47 13
www.steinlaternen-pagoden.de

Bambus-Kultur
Ramhorster Str. 1–2
31275 Lehrte-Steinwedel
Tel.: 0 51 36 / 57 42
www.bambus-kultur.de

Japan Gardens Design
Am Klostergarten 8
49439 Steinfeld/Mühlen
Tel.: 0 54 92 / 55 71 77
www.japan-gardens.de

Asiastyle GmbH
Gaster Straße 3
49504 Lotte
Tel.: 0 54 05 / 6 19 13 -0
www.asiastyle.de

Bonsai-Zentrum Münsterland
Raiffeisenstrasse 22
59387 Ascheberg
Tel.: 0 25 93 / 95 87 13
www.bonsai.de
www.japangarten.de

Arts of Bali
Kaiserallee 46
76185 Karlsruhe
Tel.: 01 76 / 93 69 01 14
www.arts-of-bali.de

Wayan Living
Buddha und Gartenfiguren-Shop
Straubinger Straße 48
84307 Eggenfelden
Tel.: 0 87 21 / 91 12 20
www.wayan-living.com

Früchtl home & style
Ferdinand-Wagner-Str. 10
86830 Schwabmünchen
Tel.: 0 82 32 / 1 84 61 08
www.Buddha-Versand.de

Hofstetter Mühle GmbH
Mühlenweg 34
88633 Heiligenberg
Tel.: 0 75 54 / 9 82 40
www.steinfigurenshop.de

Gartengestalter

Fischer Garten- und Landschaftsbau
Axel Fischer
Schustergasse 32
04603 Windischleuba OT Pöppschen
Tel.: 0 34 47 / 8 17 76
www.fischer-landschaftsbau.de

Dr. Wolfgang Hess
Schloss Eickhof
31618 Liebenau
www.zenkloster-in-liebenau.de

Ferchland Garten- und Landschaftsbau
Niegripper Chaussee 40
39288 Burg
Tel.: 0 39 21 / 94 42 50
www.ferchland-galabau.de

Siebert & Fröbus
Friedlandstr. 3
51375 Leverkusen
Tel.: 0 21 71 / 77 50-665
www.der-japangarten.de

Otto Arnold GmbH
Im Spitzhau 11
70771 Leinfelden-Echterdingen
Tel.: 07 11 / 9 75 89-3
www.ottoarnoldgmbh.de

Autenrieth Galabau
Garten -und Landschaftsbau GmbH
Staufeneckstraße 69
73054 Eislingen
Tel.: 0 71 61 / 81 66 97
www.autenriethgalabau.de

Schleitzer
Gärtner von Eden
Enterstrasse 23
80999 München
Tel.: 0 89 / 89 28 65 - 23
www.schleitzer.de

Inspired by Nature
Landschaften und Gärten
Friedhelm Hellenkamp
Walchstadterstr. 39
82057 Icking
Tel.: 0 81 78 / 90 53 67
www.inspiredbynature.de

Zensho Shimokawa
Gestaltung japanischer Gärten
Breslauer Str. 24
84028 Landshut
Tel.: 08 71 / 9 74 62 40
www.sansui-en.de

Marion Ernst
St. Johann 2
94350 Falkenfels
Tel.: 0 99 61 / 91 01 43
www.gartentraeume-me.de

deeg Garten- und Landschaftsbau
Kösseinestraße 7
95032 Hof
Tel.: 0 92 81 / 1 44 19 20
www.deeg-galabau.com

Dendro GmbH
Bayreuther Straße 43
95500 Heinersreuth
Tel.: 09 21 / 46 00-6 79
www.japangarten-dendro.de

Naturform Japangärten & Koiteichbau
Jethro Machacek
Am Schlitterbach 16
95512 Waldau/Neudrossenfeld
Tel.: 0 92 03 / 68 83 43
www.natur-form.de

GartenSinne
Silke Haßkerl-Schilling
Waidweg 5
99947 Bad Langensalza
Tel.: 0 36 21 / 7 33 81 61
www.garten-planung-thueringen.de

Adressen der Gärten im Buch

Private Gärten

Udo Hermsen
Hamesweg 5
47669 Wachtendonk-Wankum
www.guenter-heymans.de

Petro Randazzo
Klixdorferstr. 2
47906 Kempen
www.randazzo-gartenbau.de

Günter Heymans
Am Graben 37
47929 Grefrath-Vinkrath
www.guenter-heymans.de

Camillo Sax
Katharinenplatz 20
84453 Mühldorf am Inn
www.cafe-sax.de

Toni Brait
94127 Neuburg am Inn

Garten Piendl
In der Stockleiten 14
94372 Pilgramsberg
(Gartengestaltung: Marion Ernst)

Dr. Michael Andres
Hinterweinberg 4
94491 Hengersberg

Mathias Hoyer
Unterhöll 3
95185 Gattendorf

Dieter Horcher
Lärchenweg 7
96179 Rattelsdorf
(Gartengestaltung: Naturform Japangärten & Koiteichbau, Jethro Machacek)

Thomas Schorn
Peuntstr. 5
96364 Marktrodach
(Gartengestaltung: Naturform Japangärten & Koiteichbau, Jethro Machacek)

Öffentliche Gärten und Parks

Dr. Wolfgang Hess
Schloss Eickhof
31618 Liebenau
www.zenkloster-in-liebenau.de

Zen-Zentrum Eisenbuch
Daihizan Fumonji
Eisenbuch 7
84567 Eisenbuch
www.eisenbuch.de
(Gartengestaltung: Zensho Shimokawa)

Botanischer Garten Augsburg
Dr.-Ziegenspeck-Weg 10
86161 Augsburg
www.botanischergarten.augsburg.de
(Technische Leitung: Bernhard Winzenhörlein)

Nepal Himalaya Park Stiftung
Heribert Wirth
Martiniplatte
93109 Wiesent
www.nepal-himalaya-pavillon.de

Ohmi-no-niwa-Garten
Landesgartenschaugelände der Stadt Würzburg
Zugang über Eingang Zeller Straße oder über Eingang Rosengarten an der Höchberger Straße
97082 Würzburg
www.wuerzburg.de

Benediktushof
Zentrum für spirituelle Wege
Klosterstr. 10
97292 Holzkirchen/Unterfranken
www.west-oestliche-weisheit.de/benediktushof
(Gartengestaltung: Inspired by Nature, Friedhelm Hellenkamp)

egapark Erfurt
Gothaer Straße 38
99094 Erfurt
www.egapark-erfurt.de
(Leitung: Garten- und Landschaftsbau Matthias Olinski)

Kofuko No Niwa
Garten der Glückseligkeit
Kurpromenade 15
99947 Bad Langensalza
www.badlangensalza.de
(Gartengestaltung: GartenSinne, Silke Haßkerl-Schilling)

Literatur zum Weiterlesen

Chesshire, Charles: Japanische Gärten: Planen, gestalten, anlegen. Christian Verlag, München 2012

Harte, Sunniva: Zen im Garten. Verlag Eugen Ulmer, Stuttgart 2000

Hobson, Jake: Niwaki: Japanische Gartenbäume schneiden und formen. Verlag Eugen Ulmer, Stuttgart 2010

Horton, Alvin: Creating Japanese Gardens. Meredith Books, Des Moines 2003

Keane, Marc Peter: Gestaltung japanischer Gärten. Verlag Eugen Ulmer, Stuttgart 1999

Kipp, Oliver: Asiatische Gärten gestalten. Gräfe und Unzer Verlag, München 2011

Mizuno, Katsuhiko: Styles & Motifs - Japanese Gardens. Shufunotomo Co., Tokyo 2005

Nitschke, Günter: Gartenarchitektur in Japan. Benedikt Taschen Verlag, Köln 1991

Pigeat, Jean P: Gärten im Japan-Stil. Verlag Eugen Ulmer, Stuttgart 2007

Takei, Jiro / Keane, Marc Peter: Sakuteiki oder die Kunst des japanischen Gartens: Die Regeln zur Anlage und Gestaltung aus den historischen Schriftrollen der Heian-Zeit. Verlag Eugen Ulmer, Stuttgart 2005

Danksagung

Der BLV- Buchverlag und die Fotografin Evi Pelzer bedanken sich bei folgenden Gartenbesitzern und öffentlichen Gartenschauen dafür, Bilder aus ihren Gärten und Gartenanlagen für dieses Buch verwenden zu dürfen:

Garten Andres: Titelbild, S. 111, 112

Garten der Glückseligkeit, Bad Langensalza: S. 4 rechts, 6, 13, 15, 33, 46/47, 54, 69, 73, 77–81, 86 links, 110, 127

Benediktushof Holzkirchen: S. 2/3, 18, 39–43, 44/45, 45 rechts

Botanischer Garten Augsburg: S. 4 links, 10/11, 29, 50, 68, 85, 104/105

Garten Brait: S. 92/93, 113

egapark Erfurt: S. 5 rechts, 8/9, 27 rechts, 28, 55, 57, 72, 84, 88, 89, 106, 129

Garten Hermsen: S. 91, 122, 123, 124, 130

Garten Heymans: S. 12, 21–25, 34/35, 70, 74, 87 links, 109

Garten Horcher: S. 49, 53, 59–63, 71, 107, 125, 126, 128 links, 128 rechts

Garten Hoyer: S. 16, 31, 36, 83 rechts, 86 rechts, 121 rechts

Landesgartenschaugelände Würzburg: S. 5 links, 26/27, 51, 64/65, 67, 94

Zenkloster Liebenau: S. 108, 133–137

Nepal-Himalaya-Park: S. 1, 56, 97–101, 138

Garten Piendl: S. 32, 90

Garten Randazzo: S. 9 rechts, 17, 52, 102/103, 120/121

Garten Sax: S. 65 rechts, 115–119

Garten Schorn: S. 30, 48, 66, 82/83

Zen-Zentrum Eisenbuch: S. 14, 103 rechts

Stichwortverzeichnis

A
Achtsamkeit 16, 124
Arbeit 122 ff
Asymmetrie 51

B
Bad Langensalza 76 ff
Bambus 92, 106
Benediktushof 38 ff
Binnengarten 13, 15, 80
Brücken 54, 63
Buddha-Statuen 100, 111
Buddhismus 10, 51, 123, 137 f

C
Camillo Sax/Baligarten 114 ff
chozu-bachi 11, 24, 105

F
Felssitz 46
Feng-Shui 32 f, 81
Frühling 84 ff

G
Gartenbonsai 25, 90 ff, 126
geborgte Landschaft 14
Geomantie 38
Gottheiten (Kami) 10, 13 f, 46

H
Hananmi 80, 84
Haßkerl-Schilling, Silke 76 ff
Hellenkamp, Friedhelm 38 ff
Herbst 89
Hess, Dr. Wolfgang 132 ff
Heymans, Günter 20 ff
Hofgarten 13, 15, 80

I
Inseln der Glückseligen 11, 46, 80
Inseln der Unsterblichen 11, 46, 80
Inseln des ewigen Lebens 11, 46, 80
iwakura 46

K
Kami siehe Gottheiten
kare-san-sui 12, 24, 31 ff, 38, 55, 81, 100
kare-taki 67
Karpfenstein 69
Koi 20, 72 ff
Kraftplätze 32
Kranich 47

M
Machacek, Jethro 6 f, 58 ff

Mauer 108
Meditation 12, 122, 123, 128
Minimalismus 31
Moos 93

N
Nepal-Himalaya-Park 96 ff
Niwaki 25, 90 ff, 126

P/Q
Perspektive 29
Pflege 128
Proportionen 16, 28 ff
Qi 33, 48

S
Sakuteiki 67 f
Samu 122 ff
sawatobi-ishi 31, 54
Schildkröte 47
Shakkei 14
Shinto-Schrein 14
Shinto-Tor/torii 28, 108
Shintoismus 13, 47, 137
Sommer 85 ff
Steinlaterne 108 ff

T
Teegarten 11, 104
Teehaus 11, 15, 24, 104
Teeweg 15, 128
Teezeremonie 11, 15, 128
Teich 20, 63, 67, 70 ff
Teichgarten 62
Trittsteine 31, 54
Trockenlandschaftsgarten 12, 24, 31 ff, 38, 55, 81, 100
Trockenwasserfall 67
tsouboniwa 13, 15, 80
tsukubai 11, 24, 105

V/W
Verwitterung 52
Wandelgarten 11 ff
Wasserbecken 11, 24, 105
Wasserfall 31, 55, 67 ff
Wassergarten 10 ff, 66
Wege 31, 54
Winter 89
Wirth, Heribert 96 ff

Y/Z
Yin / Yang 33
Zaun 106 ff
Zazen 12, 122, 123, 128
Zen 124 ff
Zen-Garten 12, 24, 31 ff, 38, 55, 81, 100

Über die Fotografin

Evi Pelzer ist ausgebildete Buchhändlerin und arbeitete als solche bis Anfang 2012 in ihrer niederbayerischen Heimat. Bereits 2009 begann sie – zunächst nebenberuflich – ihrer Leidenschaft für Garten- und Landschaftsfotografie als freie Fotografin nachzugehen, seit 2012 machte sie diese zu ihrem Beruf. Ihre Gartenreportagen wurden bereits in zahlreichen renommierten deutschen Gartenmagazinen veröffentlicht, ihr erstes Buch »Landgärten – Private Paradiese zum Träumen«, erschienen beim BLV Buchverlag, erhielt den Deutschen Gartenbuchpreis in der Kategorie Bildband. Mehr Infos unter www.evi-pelzer.de.

Danksagung der Fotografin

Ich danke meinem Mann Joachim, der mich auf meinen längeren Fotoreisen begleitet hat und nun mehr und mehr zum Liebhaber japanischer Gärten mutiert. Mein Dank gilt ebenso Dr. Thomas Hagen, der sich in besonderer Weise für dieses große Buchprojekt eingesetzt hat. Ein Dankeschön an Susanne Wannags, die sich mutig und schnell entschlossen hat, die Autorenarbeit zu diesem speziellen Thema im Alleingang zu übernehmen.
Last but not least möchte ich all den freundlichen und kooperativen Gartenbesitzern danken, die mir das Fotografieren in ihren ganz besonderen Gartenoasen erlaubten. Ein herzliches »Vergelt's Gott« auch an die Gartengestalter, die mir so manches asiatische Kleinod preisgaben.

Über die Autorin

Susanne Wannags studierte Sozioökonomie und arbeitet seit über 10 Jahren als freie Journalistin und Redakteurin mit eigenem Redaktionsbüro. Sie ist für verschiedene Fachpublikationen im Garten- und Landschaftsbau tätig, verfasst und konzipiert Sonderbeilagen und Kundenzeitschriften für unterschiedlichste Branchen und ist Mitherausgeberin des Ausbildungsordners *Galabau kompakt*. Mehr Infos unter www.4c-textprojekte.de

© Carolin Tietz

Danksagung der Autorin

Vielen Dank an alle, die mich auf meinen Weg als Journalistin begleitet haben und noch begleiten – alle haben mit Lob und Kritik an meiner Arbeit dazu beigetragen, dass ich mich heute schnell in Spezialthemen einarbeiten kann. Das macht Mut, sich an umfangreiche Projekte zu wagen.
Ohne Mitstreiter hätte das nicht funktioniert: die Fotografin Evi Pelzer, deren wunderbare Bilder viel vom besonderen Zauber asiatischer Gärten vermitteln. Sie hat immer im richtigen Moment tatkräftige Unterstützung geleistet. Die Gartengestalter, Gartenbesitzer und Parkverwalter, die sich viel Zeit für die Gespräche genommen haben. Ich habe viel über die Gärten, aber auch über die Menschen erfahren. Und sehr viel Wissen mitgenommen. Eine liebevolle Umarmung bekommt mein Lebensgefährte Thomas Pichler, der mit stoischer Ruhe manch verzweifeltes Ringen um die richtigen Worte ertragen hat. Und einmal Fellstreicheln für Leonardo, Campino und Casanova darf nicht fehlen. Nach einem langen Arbeitstag mit dreifachem Schnurren begrüßt zu werden, ist unbeschreiblich. Das ist Zen.

Impressum

Bibliografische Information der Deutschen Nationalbibliothek
Die Deutsche Nationalbibliothek verzeichnet diese Publikation in der Deutschen Nationalbibliografie; detaillierte bibliografische Daten sind im Internet über http://dnb.d-nb.de abrufbar.

Bildnachweis: Alle Bilder von Evi Pelzer.
Schriftzeichen S. 20ff.: funnymike1108 – Fotolia.com; Symbol S. 5ff.: Momo 0607 – shutterstock.com; Symbol S. 9ff.: drilling in the dark – Fotolia.com
Umschlagkonzeption: Kochan & Partner, München
Umschlagfotos: Evi Pelzer

Programmleitung Garten und Lektorat: Dr. Thomas Hagen
Herstellung: Ruth Bost
Layoutkonzept Innenteil: griesbeckdesign, München
Satz: Christopher Hammond

Gedruckt auf chlorfrei gebleichtem Papier

Printed in Germany
ISBN 978-3-8354-1192-0

BLV Buchverlag
GmbH & Co. KG
80797 München

© 2014 BLV Buchverlag GmbH & Co. KG, München

Das Werk einschließlich aller seiner Teile ist urheberrechtlich geschützt. Jede Verwertung außerhalb der engen Grenzen des Urheberrechtsgesetzes ist ohne Zustimmung des Verlags unzulässig und strafbar. Das gilt insbesondere für Vervielfältigungen, Übersetzungen, Mikroverfilmungen und die Einspeicherung und Verarbeitung in elektronischen Systemen.

Hinweis

Das vorliegende Buch wurde sorgfältig erarbeitet. Dennoch erfolgen alle Angaben ohne Gewähr. Weder Autorinnen noch Verlag können für eventuelle Nachteile oder Schäden, die aus den im Buch vorgestellten Informationen resultieren, eine Haftung übernehmen.

Erleben Sie die großen Bildbände!

ISBN 978-3-8354-1165-4

ISBN 978-3-8354-1176-0

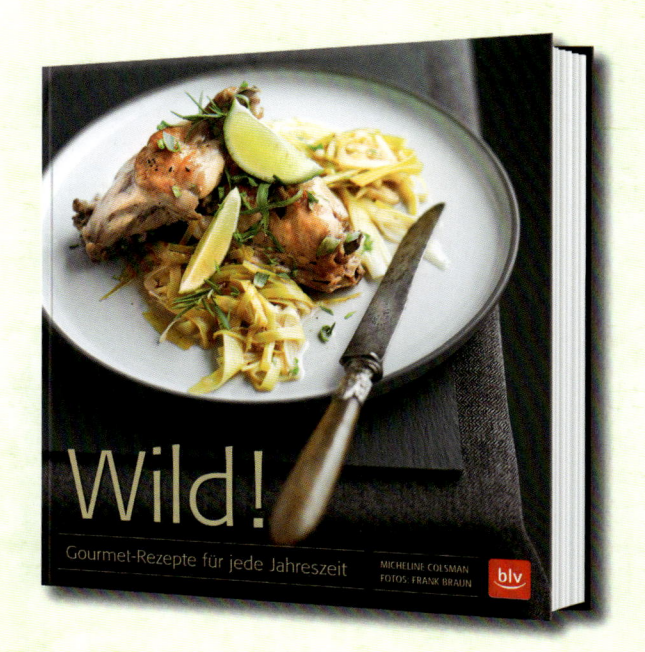

ISBN 978-3-8354-1190-6

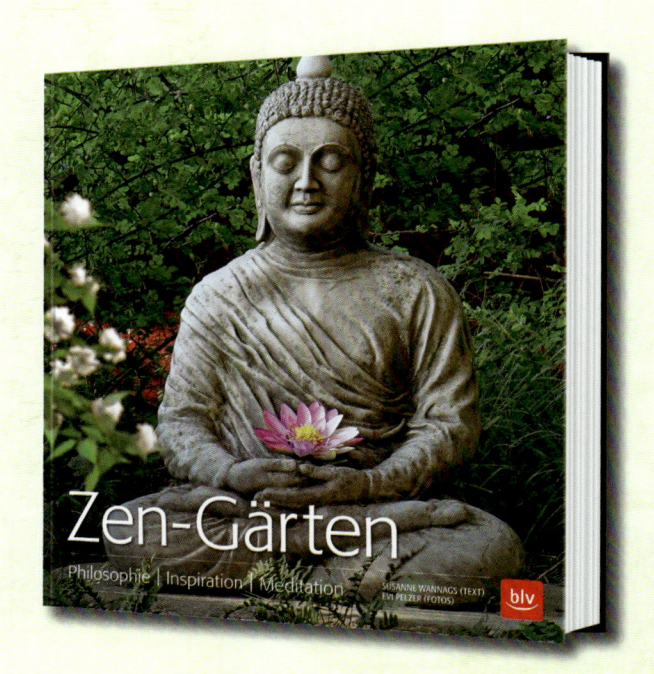

ISBN 978-3-8354-1192-0

- Faszinierende Themen von zeitloser Aktualität
- Inhaltliche Tiefe und das Insiderwissen hochkarätiger Autoren
- Individuelle Gestaltung – jede Seite eine Entdeckungsreise
- Großformat mit brillanten Fotos, die inspirieren und begeistern

www.blv.de